변화와 성장의 핵심,
오직 행동하라

변화와 성장의 핵심,
오직 행동하라

초판 1쇄 인쇄 _ 2019년 10월 15일
초판 1쇄 발행 _ 2019년 10월 20일

지은이 _ 오유진

펴낸곳 _ 바이북스
펴낸이 _ 윤옥초
책임 편집 _ 김태윤
책임 디자인 _ 이민영

ISBN _ 979-11-5877-129-4 03190

등록 _ 2005. 7. 12 | 제 313-2005-000148호

서울시 영등포구 선유로49길 23 아이에스비즈타워2차 1005호
편집 02)333-0812 | 마케팅 02)333-9918 | 팩스 02)333-9960
이메일 postmaster@bybooks.co.kr
홈페이지 www.bybooks.co.kr

책값은 뒤표지에 있습니다.
책으로 아름다운 세상을 만듭니다. — 바이북스

생각에 그치는 사람들을 위한 실천 지침서

변화와 성장의 핵심,
오직 행동하라

오유진 지음

바이북스
ByBooks

들어가는 글

라온은 '즐거운'이란 순수 우리말이다. 문화예술교육을 통해 즐거운 세상을 꿈꾸는 라온문화예술교육원을 운영하면서 제일 재미있는 것은 다양한 삶을 볼 수 있다는 점이다.

교육원의 대표 프로그램인 '나도 작가' 수업을 통해 엄마 배 속에 있는 0살 이야기부터 85살 어르신의 이야기를 만났다. 자신의 이야기를 글로 써 보는 것, 책으로 출간한다는 것은 행복한 일이다. 출간을 기획하고 지도하는 과정에서 가장 안타까웠던 것은, 시작은 하고 마무리를 하지 못하는 사람들이다. 거창한 계획 탓이었다. 실천 가능성은 고려하지 않은 채 고민만 많았다. 하지만 제일 중요한 것은 잘하고 싶다는 생각보다는 꾸준히 실천하는 자세였다. 지나친 고민과 생각은 실행력을 차단하게 한다. 중요한 것은 실력이 아닌 실천이다.

"너 재벌하고 결혼했어?"

결혼하고 미국에서 지내는 동안 오랜만에 연락 온 동창이 나에게 물었다. 재벌하고 결혼했냐고. 20대에 학원을 운영하니 부모님 능력이라는 소리를 들었고, 결혼 후 외국으로 가니 시부모 잘 만난 게 아니냐고, 아이를 키우며 사업을 하는 지금은 남편 능력을 궁금해 한다.

나는 지극히 평범한 사람이다. 비슷한 연령대가 공감하는 힘든 시대를 버티고 있다. 소위 말하는 금수저도 아니며 더구나 대단한 소양을 갖춘 것도 아니다. 유일하게 남달랐던 점을 굳이 내 입으로 얘기하자면, 누구나 하는 생각을 행동으로 옮겼다는 사실 하나뿐이다.

최고가 되고 싶다는 욕구를 충족시킬 만큼 뛰어나게 인정받은 분야가 없었다. 하지만 늘 새로운 경험들은 최고를 찾아가는 훈련의 연속이었다. 그래서 나만의 삶을 살아갈 수 있는 지금은 있는 그대로 감사한다. 강사가 되어야겠다거나 글을 쓰고 작가가 된다는 생각은 한 번도 해보지 않았지만 지금 나는 강의를 다니고 삶을 글로 쓴다. 목표를 정하고 이루는 것도 좋겠지만 하루를 잘 살아가며 사소한 일도 실천하다 보니 지금의 내가 되었고, 구체적으로 생각해 본 적 없는 일이지만 그 순간을 즐기며 살게 되었다. 매일 나만의 작은 실천을 하며 즐겁게 산다. 실천만이 진정한 나의 삶이 된다고 믿어 의심치 않는다.

　이 책에는 행동으로 옮긴 나의 삶을 담았다. 생각을 행동으로 옮
긴 경험을 통해 한계와 부족함을 만났고, 무엇을 해야 즐겁고 잘할
수 있는지 비로소 발견할 수 있었다. 다양한 삶의 방식을 보고 배우
며 나만의 방식을 찾는 법도 알게 되었다. 누군가 이 글을 읽고 자신
과 주어진 상황을 사랑하고 용기 내어 생각을 행동으로 옮길 수 있으
면 좋겠다. 꿈이 있다면, 지금 당장 할 수 있는 작은 실천을 할 수 있
기를. 이제 당신은 행동하게 된다.

2019. 5.

chapter **4 _ 오직 행동하라**

chapter **5 _ 행동하는 습관들이기**

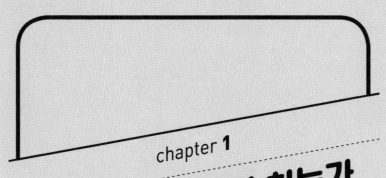

chapter **1**

우리는 왜 생각만 하는가

생각이 운명을 바꾼다면 당신은 지금 이 책을 읽을 필요가 없다.
책을 읽을 시간에 더 근사한 생각을 하는 것이 맞다.
나는 누구보다 생각하기를 좋아하는 사람이었다.
학창시절부터 터무니없는 생각으로 시간 보내는 것을 즐겼다.
생각은 꼬리에 꼬리를 물고 이어져 생각지도 못한 결과로 마무리되거나
아예 결말이 없이 허무하게 끝나기도 한다.
생각만 많고 실행에 옮기는 일은 드물었다.
내 삶은 한 걸음도 앞으로 나아가지 못했다.

생각이
운명을 바꾼다?

대학교 졸업을 앞둔 4학년 2학기, 성공이 무엇인지 개념조차 불확실했던 시기였지만 빨리 성공하고 싶은 생각이 들었다. 취직하고 열심히 일해 그 회사 사장이 되기에는 시간과 노력이 상당할 것 같았다. 1년 정도 학원 원장님 밑에서 열심히 배우고 익히며 내 학원을 준비했다. 급여는 중요치 않았다. 내 일을 준비한다는 마음으로 각종 자료를 차곡차곡 준비했다. 아마 나의 도전은 그때부터였다.

내가 맡은 아이들에게도 최선을 다했다. 사범대 진학을 권하는 어머니에게 죽어도 선생은 안 한다고 했던 나였기에 처음에는 사명감을 가지고 아이들을 대했던 것은 아니다. 내 학원을 경영하게 될 때를 대비한 연습, 훈련, 그런 마음이었다. 그 작은 경험치를 가지고 때마침 비용적으로 내가 도전해 볼 만한 아주 작은 교습소 자리를 찾게 되었다. 사회 경험, 경영 경험 모두 부족한 어린 나였지만, 시작해야 겠다는 생각이 간절하게 들었다. 부모님은 반대하셨다. 내가 고통을 겪게 될 거라는 짐작에 반대하셨지만 나는 망설임 없이 교습소를 시작했다. 후에 느낀 것이지만, 자신이 결정하고 선택한 모든 일에 대한 책임은 고스란히 자신이 져야 한다.

젊음! 하나만 믿고 미친 듯 일했다. 10명도 채 되지 않는 수강 학생들에게 최선을 다했고, 학부모님과의 소통에 모든 신경을 기울였다. 기존 미술학원 기능은 알차게 유지하면서도 색다른 프로그램을 다양하게 도입해 차별화를 두었다. 적은 수의 원생들이었지만 대형 학원 못지않은 가치와 욕구 충족을 전하기 위해 끊임없이 노력했다.

처음부터 모든 시스템을 갖추고 시작한 게 아니라, 하나씩 배워가며 익혀가며 시행착오 겪어가며 온몸으로 배우고 실행해 나갔다. 시간은 흘렀고, 나는 매달 목표로 세운 수강생을 확보할 수 있었다. 급기야 자리가 없어 수강생을 받지 못하게 될 때쯤 넓고 좋은 시설로 이사하게 되었다.

"학원이나 하면서 살지 뭐"라고 입버릇처럼 말하던 친구들로부터 연락이 왔다. 그들은 사회생활에 지쳐 있었고, 열정도 식어 있었다. '뭐라도 해볼까?'라는 생각만으로는 절대 아무것도 해낼 수 없다는 것을 알았기에 학원 개원을 앞둔 사람들을 내 일처럼 도왔다. 대가는 없었지만 이유는 단 한 가지, 시작하는 마음이 어떤 것인지 정말 잘 알기 때문이었다. 그들을 도우며 느낀 점은, 내가 많은 것을 실천에 옮겼다는 사실이었다.

아이들 현장학습과 학원을 직접 리모델링하며 데이트를 했던 나의 20대, 결혼을 약속하고 여느 커플과 같이 신혼집도 알아보고 이런저런 결혼 준비에 대한 의견을 나누던 때였다. 동네에 있는 학교 운동장을 돌며 산책을 하던 어느 날 밤이다. 평소와 같이 이야기를 나누던 중에 이렇게 젊을 때 세상 곳곳을 다니며 살아봐도 참 재미있겠다고 누구나 한 번쯤은 해볼 법한 이야기를 주고받다 걸음을 멈추고 내가 말했다.

"우리 진짜 해볼까?"

지금의 남편인 당시 남자친구가 대수롭지 않게 피식 웃으며 대답한다.

"진심이야?"

나도 내가 진심인지 모를 만큼 아주 찰나에 입에서 나온 말이다. 농담처럼 말을 이어가다가 진짜 생각을 해보기로 하고 헤어졌다. 우리가 결혼을 통해서 하나가 되는 결심을 했지만, 본인의 일과 계획들이 있으니 각자 생각해서 한 명이라도 반대하면 없었던 것으로 하기로 했다. 생각을 마칠 때까지 서로 어떠한 간섭을 하지 않기로 했지만 그렇게 하루도 채 지내지 않고 서로가 결정을 마쳤다고 통화를 했다. 나와 다른 의견이라도 당연하다 생각했지만, 왠지 같은 마음이기를 내심 바란 것 같다. 둘 다 "가자!"라고 결정했다. '어떻게 하지? 한번 가 볼까? 될까?' 등의 많은 물음표를 동반하지 않은 그냥

"가자"였다.

　미대를 졸업하고 엄마의 말을 빌리자면 맨땅에 헤딩하며 몇 년을 자신의 힘으로 성장시킨 학원을 운영하는 미술학원 원장이었고 남편도 성실한 대기업 사원이었다. 단 한 번도 최선을 다하지 않은 적이 없기에 다른 사람들의 생각과 달리 아주 쉽게 내려놓을 수 있었고 그렇게 우리의 도전은 시작되었다.
　생각으로만 그쳤다면 절대로 만나지 못할 새로운 삶을 시작하게 되었다. 물속 거북이와의 질주, 무수한 별빛 아래의 우리, 미국에서의 출산, 미국 아트스쿨 강사, 대자연과 창조물의 사이에서 헤아릴 수조차 없는 매 순간들의 기억이 있다.
　부모님의 도움을 받지 않았다. 집을 포함한 모든 신혼 자금을 외국 생활비로 지출하고 아이와 함께 한국으로 돌아왔을 때 현실은 만만치 않았다. 그런데도 신기할 정도로 단 한 번도 돈 문제로 다투거나 속상한 적조차 없다. 그 시간을 바탕으로 나와 남편은 각자의 자리에서 지금 스스로 가치 있는 일을 하며 소명을 찾아가는 길에 있기 때문이다.
　세상을 바라보는 관점이 바뀌고 가치관이 새롭게 정리되면서 삶을 대하는 태도가 달라졌다. 우리가 조금 더 고민하고 깊이 있게 생각했다면 가능했을까? 단언컨대 절대 그러지 못했을 것이다. 한국에 돌아왔을 때 '어떻게 다시 돈을 벌지? 어디서 살지?' 그런 생각들보다 행동이 먼저였기에 가능했다. 속상한 적은 없다고 했지만 정말 힘들었다. 돌아와서 매달 돌아오는 공과금 내는 것조차 겁이 날 줄 알았다면 그렇게 외국으로 갈 수 있었을까? 외국에 있을 때 결혼 후 타지생활에 관해 물어오는 지인들이 종종 있었다. 현지 생활은 어떤지? 비용이 얼마나 드는지? 우리가 해봐도 될지? 등의 연락이 올 때면 내가 할 수 있는 한의 객관적인 정보와 함께 응원의 메시지를 보냈다. 개인적으로는 아쉽게도 현재까지는 모두 생각에 그친 것 같다.

얼마 전 지인과 이야기를 나누다가 어떻게 살고 싶은지 물었다.
"행복해지고 싶어요. 행복해질래요."
그 순간 맞는 말 같아서 고개가 끄덕여졌다. 나무에 사과가 열려있다. 사과를 먹고 싶으면 올라가서 따든지 장대와 같은 도구를 사용하든지 나무를 흔들어보든지 해야 한다. 나무 아래에서 먹고 싶다고 아무리 생각해도 먹을 수 없다. 많은 사람이 '행복했으면 좋겠다.'라고 이야기하지 '나 행복해질래요.'라고 말하지 않는다. 행복해지고 싶으면 그분과 같이 본인이 주체가 되어서 기쁜 얼굴로 행복을 외칠 수 있어야 하는데 괴로운 얼굴로 '좀 행복했으면…' 하고 생각으로 삶이 바뀌기를 바라고 있다.
그럴 수 있으면 좋겠지만 삶이란 절대 만만치 않다. 생각만으로는 절대 아무것도 이루거나 바꿀 수 없다. 당신이 하는 생각은 나뿐 아니라 누구나 하는 생각 중의 하나일 뿐이다.

대책 없는
낙관주의

대단할 것 없지만 하고 싶은 것을 크게 참지 않고 나름의 즐거움으로 20대를 보낸 우리는 미국으로 가는 결심을 굳히게 된다. 결혼 준비와 외국으로 갈 준비를 겸해서 하며 각자 학원과 직장을 정리했다. 2011년 2월 26일 결혼을 하고 두어 달 뒤인 어버이날에 출국하게 되었다.

미국으로 가기 전에 필리핀에 잠시 들러 어학연수를 하는 게 어떻겠냐는 유학원장의 권유로 세부로 먼저 향했다. 그곳은 지상낙원이었다. 그도 그럴 것이 몇 년 동안 일만 하다 자유로운 시간을 갖게 되었으니 안 좋으면 이상한 게 아닌가? 원래 계획은 2개월 동안 기숙사가 있는 연수 시설에서 잠시 있다 미국으로 갈 예정이었다. 한 달쯤 지났을 때 어학연수생 대부분이 어린 동생들이었는데 스쿠버다이빙을 하러 간다고 해서 우리도 따라나섰다.

우리 부부는 운동이나 액티비티를 동반한 여행을 좋아했다. 남편은 일찍 출근해야 하는 직장생활을 할 때도 새벽에 수영장을 다녔고 운동 중에서도 특히 물에서 하는 활동을 좋아하던 터라 아주 흥미로워했다.

반대로 웬만큼 몸이 둔한 것도 아닌데 나에게는 힘든 스포츠가 수영이어서 수영장도 아닌 바다 깊이 들어간다는 것 자체가 적잖게 불안했다. 처음 기초과정을 할 때만 해도 좋은 감정보다 갑갑하고 두려운 마음이 컸다. 남편이 워낙 좋아하니 한번 같이 해보자는 생각으로 오픈워터라는 기본 자격과정을 마치고 다음 코스인 어드밴스 과정을 이어하게 되었다. 남편은 더없이 즐거워했고 알려진 관광코스가 아닌 다이빙코치와 함께 다이빙 포인트 지역을 다니며 스쿠버다이빙을 즐겼다.

그러던 중 예정된 세부에서 두 달이라는 시간이 순식간에 지나가고 미국행을 일주일도 남기지 않던 날, 마지막으로 스쿠버다이빙 여행을 가게 되었다. 처음 스쿠버다이빙을 배우러 갔던 모알보알이라는 곳에 다시 방문하여 신나게 스쿠버다이빙을 했다. 각 스쿠버 포인트마다 상어, 거북이, 만타가오리, 정어리떼 등 볼 수 있는 것이 달랐다. 모알보알은 거북이 포인트라 거북이와 함께 물속에서 헤엄을 칠 수 있다. 해당 포인트에 간다고 해서 다 볼 수 있는 것은 아닌데 다이빙코치가 하는 말이 신기하게도 우리가 가면 다 본다는 말을 하곤 했다.

스쿠버다이빙을 처음 할 때만 해도 내 별명은 물개였다. 헤엄을 잘 쳐서 물개가 아니라 물에서 개처럼 끌려다닌다고 해서 붙여진 별명! 그랬던 내가 다시 찾은 모알보알에서 거북이를 물속에서 보고 어느새 코치의 도움 없이 나 혼자 열심히 거북이를 쫓아가고 있는 것이 아닌가.

수영은 해도 절대로 안 되는 줄 알았다. 거북이는 생각보다 물속에서는 엄청 빠르다. 거북이를 바닷속에서 혼자의 힘으로 헤엄쳐 따라가는 기분이야말로 동화 속에서 무지개를 타고 날아다니는 기분이라고 할까? 배경도 애니메이션과 같이 이루 말할 수 없는 형형색색의 그림이다.

바다에서 돌아와 차려진 음식을 먹고 해변에서 마사지 받는 기분도 말로 표현할 수 없다. 해가 지기 전에 엎드려 마사지를 받다가 돌아누우라는 신호에 등을 바닥에 대고 바로 누웠더니 해가 진 밤하늘에 정말 많은 별이 반짝였다.

당장 모레면 미국으로 떠나야 하는데 코치의 손을 잡고 겨우 따라가던 거북이를 내 힘으로 쫓아간 그날 밤 잠시 고민에 빠졌다. 그 전부터 남편은 다이빙 상급전문가 과정을 따고 싶었지만 정해진 일정과 계획을 지키기 위해 억지로 참고 있었다.

운명 같은 그날 밤, 마치 결혼을 하고 미국에 가는 것을 하룻밤 사이 결정했던 것처럼 우리는 세부에 남는 것을 결정했다. 이미 비행기 티켓팅이며 미국에서 다닐 기관의 허가와 모든 일정이 정해 있던 터

20

라 전화해서 연기할 수 있는지 확인부터 했다. 마음 같아서는 취소를 하고 싶기도 했다. 예상 기간보다 세부에 더 남아있기로 했으니 원래 계약되어 있던 기숙사는 2달 만기로 기숙사 밖으로 나오게 되었다. 처음에는 홈스테이에서 지내다가 일정을 자유롭게 지낼 수 있도록 따로 집을 계약하여 나왔다.

그 후 거의 석 달 동안 현지를 누비며 스쿠버다이빙을 다니고 현지인들의 삶을 더 가까이 보게 되었다. 처음 필리핀에 갔을 때만 해도 기숙 생활하는 곳에서 오리엔테이션을 할 때 길에 다니다가 발생할 수 있는 총기사고나 흉측한 일에 대해 언급하며 기숙사 밖을 나가지 말기를 권유했고 그에 따라 생활했다.

몇 달 생활을 하다 보니 나도 모르게 편하게 다니게 되었고 위험을 체감하지 못했다. 스쿠버다이빙을 가고 현지음식을 먹으며 생활하던 어느 날, 길을 가는데 사람들은 나에게 현지 말로 말을 걸기도 했다. 필리핀에 있을 때는 몰랐는데 피부색이 얼마나 달라졌던지 미국에 처음 갔을 때도 주변 사람들에게 한국인인 줄 몰랐다는 말을 들었다. 그만큼 현지 생활에 푹 빠져 그들의 삶을 온전히 받아들였다.

그곳에서 만난 사람들은 여유롭고 낙천적이다. 외곽의 섬으로 갈 때면 일상 속에서 신나게 노래하고 춤추며 노는 모습을 종종 본다. 특히나 아이들의 눈망울은 잊을 수가 없다. 제대로 된 옷을 입은 것도 아니고 동네에 지나다 야외에 나와 있는 책상이 교실이라고 했다. 나의 눈으로는 풍요로워 보이지 않지만, 세상 누구보다 즐거워 보였다. 중심가의 사람들도 마찬가지다.

세부의 시내는 워낙 외부 사람들이 많기에 생활환경과 소비수준이 현저히 다름에도 현지인들은 크게 신경 쓰지 않는 모습이다. 대형 쇼핑몰에는 한국과 비교하면 직원의 수가 많다. 각자가 맡은 업무량도 작아보였고 그 작은 것도 적당히 하는 모습이다. 실제로 마치는 시간이 되면 어떠한 상황이든지 업무를 정리한다고 한다. 대형 쇼핑몰에서 음향기계제품을 판매하는 코너에서 직원이 노래를 부른다. 판매를 위한 수단이라기보다 본인이 흥에 취해 즐기고 있다. 계산대의 직원이 다음 고객이 기다리든지 말든지 손님과 신나게 대화를 하고 있다. 본인이 할 수 있는 범위 내에서 즐겁게 살면 그만인 모습이다.

현지 삶에 익숙해지고 있을 때쯤 그들의 낙관적인 모습과 나의 삶과는 차이가 있음을 알았다. 행복한 삶을 인정하면서도 지속해서 그들처럼 사는 것은 원하는 방향이 아니었다. 행복을 만드는 삶의 자세를 배우고 긍정에너지를 충전하여 미국으로 향했다.

생각대로 됐으면
내 인생은 열두 번도 더 변했다

나는 앞서 생각하는 버릇이 있다. 책을 쓰기로 정했으면 출간을
한 뒤 하게 될 인터뷰를 생각하고, 어떠한 사업을 수행하면 우수사례
로 채택되어 발표하는 모습을 상상한다. 연봉이 오르면 무엇을 할지
생각하고 시간이 생기면 어디를 갈지 정해본다. 약속을 잡으면 무슨
말을 할지 생각하고 물건을 환불받아야 할 때면 상대방이 할 말들에
대한 대답을 계획한다. 아이의 알림장을 쓸 때도 한 번에 쓰는 법 없
이 연습부터 하고 행사가 있을 때면 미리 머리부터 발끝까지 준비한
다. 일어나지 않을 일에 대해 생각하는 버릇이 있다. 건강상의 문제가
있으면 어떨까 상상하기도 하고 새로 구매한 물건이 작동이 잘되지
않으면 어쩌나 생각하기도 한다.

이 버릇들의 공통점은 하나같이 불필요한 시간 낭비라는 것이고

또 하나는 그것을 내가 잘 알고 있다는 점이다. 무엇보다 중요한 것은 그런데도 계속 이런 시간 낭비를 하고 있다는 것이다.

먼저 왜 이런 생각을 하게 되는 걸까? 어릴 적부터 생각하기를 좋아하는 나는 생각 속에서 이뤄지는 것들에 대해 만족하고 잘하고 싶은 욕구가 강하며 걱정이 많은 편인 것 같다. 그렇다면 이런 생각을 계속하고 싶은가? 아니 하고 싶지 않다.

그러면 어떻게 할 수 있을까? 생각이라는 것이 신체의 움직임과 달라서 나의 의지대로 하고 싶다고 꼭 하고, 하기 싫다고 하지 않을 수 없다. 그래서 이미 습관이 되어 있는 것들을 고치기 위해서는 강제성을 띤 무언가가 필요하다고 판단을 한다. 내가 실천한 것은 먼저 낭비되는 시간을 갖지 않도록 하는 것이다.

무언가 다른 생각을 할 수 없게 몰두할 행동을 찾는다. 일이어도 좋고 가족과 보내는 시간이 될 수도 있고 책을 읽거나 글을 쓰는 일도 되겠다. 그렇다고 생각이 복잡할 때 무조건 잊고 다른 일을 할 수는 없다. 그럴 때는 스캔을 뜨거나 간단한 문서작성 등 생각을 요구하여 그르칠 수 있는 일이 아닌 아주 단순한 일을 시작하고 본다. 그 일을 처리하는 동안 나는 헛된 생각으로 시간을 보내지 않았으며 업무가 단순하여 처리된 일에도 피해를 주지 않고 하나의 일을 완성할 수 있다.

오늘도 무수한 생각을 하며 하루를 보냈다. 일과 육아를 병행하며 오늘같이 아이가 독감이 걸려 마음을 쏟은 날에는 더욱이나 하루가 어떻게 갔는지 모를 일이다. 생각하는 것이 나쁜 것만은 아닌데 그렇다면 그 생각들을 어떻게 정리해 보면 좋을까? 메모다. 학생들과 아이디어 스케치나 글쓰기와 같이 창작 활동을 할 때면 하는 말이다. 다른 생각이 들어오면 이전 생각은 잊어버리니 필요하든 필요하지 않든, 중요하든 그렇지 않든 무조건 다 써보자. 그런 다음 그중에서 하나를 고르고 추리면 된다. 우리의 생활 속에서도 적용해 보니 참 괜찮은 생각이다.

생각이 날 때마다 메모하는 습관을 기르자. 그것이 필요할지는 중요하지 않다. 실제로 일을 하다 보면 생각이 꼬리를 물고 전개될 때 무조건 쓴다. 그리고 핵심요소들을 고르고 메모된 나머지 생각들은 다른 것에 활용될 때도 많다.

늘 쓸 수 있는 준비를 하자. 메모로 그치지 말고 반드시 실천 여부를 점검하자. 그것은 꼭 당장 행동으로 옮긴 것만을 의미하지는 않는다. 생각하고 메모한 것을 어떠한 방식으로든 적용했다면 그것은 생각을 사용한 것으로 본다.

많은 사람이 꿈꾸는 것 중의 하나가 세계여행이다. 실제로 버킷리스트에 세계여행을 꿈꾸는 자들에게 그것을 위해 어떠한 준비를 하는지 묻는다면 쉽게 답할 수 있는 사람이 몇이나 될까? 나중에 시간과 여건이 허락하면 꼭 가고 싶다고 말한다. 이렇게 생각으로 하는 세계여행을 실제 내 것으로 만드는 데에는 연습이 필요하다. 가고 싶다고 정했으면 필요한 것이 무엇인지 어떤 것이라도 좋으니 적어본다. 기재된 것 중 판단하기에 가장 쉽거나 지금 할 수 있는 것부터 나열한다. 그 옆에 꿈의 유통기한을 만든다. 이를테면 그것을 실천할 일자를 명확하게 적어보는 것이다. 실제로 그날에 이루지 못한다고 해서 큰일 날 것은 없다. 다만 장기적인 목표를 세분화하여 단기 계획에 적용하여 생각으로 흩어져 있는 꿈의 실현을 위한 구체적인 실천이 필요하다.

　인생을 여행으로 비유한다고 해도 마찬가지다. 세월이 참 많이도 흘렀는데 아직도 학생들의 꿈은 직업으로 정해진다. 더욱이 안타까운 것이 세상이 이렇게 넓은데 아이들이 말하는 직업은 몇 가지로 손에 꼽힌다. 들어갈 수 있는 문이 많은데 줄이 많이 서 있는 곳에 가서 계속 줄을 선다.

　무엇이 그렇게 만드는 것일까? 꿈을 꾸라고 말한다. 요즘 그 말조차 너무 식상하게 들린다. 아이들도 잘 알고 있다. 가정형편에 따라서 할 수 있는 것이 다르다는 것을. 꿈을 꾸라고 말하고 싶지 않다.

　아이들에게 말한다. 무전여행, 배낭여행, 초저가여행, 패키지여행, 호화여행 등 여행의 종류가 여러 가지가 있다. 너희가 시작하게 될 인생의 여행 또한 시작은 저렇게 다를 수 있다. 하지만 무엇이 즐거울지 또한 어떠한 가치를 가지게 될지는 아무도 모른다. 당장에 무전여행을 갈 형편으로 초호화 여행을 꿈꾸며 괴로워하지 말라.

번뜩이는 아이디어와 노력 그리고 많은 시행착오만이 인생의 여행에서 시간과 돈과 같은 외부적 요소에 의해 내 일정을 맞추는 것이 아니라 나의 뜻에 맞춰 선택을 내가 할 수 있는 인생이 된다.

학교에 다닐 때면 새 학기만 되면 하는 것 중에 빠질 수 없는 것이 장래희망 적기다. 나는 초등학교 때 늘 의사라고 적었다. 그렇게 몇 년을 생각하고 적었는데 나는 의사가 아니다. 당연하다. 의사라고 생각하고 적었지만 단 한 번도 의사가 어떤 경로를 통해 어떻게 되는지, 현재 무엇이 필요하고 앞으로 어떤 준비를 해야 하는지 단순히 조사 한 번 해 본 적이 없다.

중학교에 다닐 때 나는 예고를 가고 싶었지만, 예고로 진학하지 않았다. 미술을 좋아하고 잘하기도 했지만 가고 싶다는 생각에 그쳤다. 고등학교에 다닐 때는 정말 막연히 스포츠 스타 부인이 되는 상상을 하기도 했다.

대학교에 다닐 때 그렇게 인도에 가 보고 싶었다. 아직도 가지 못한 것이 후회된다. 그렇게 가고 싶은 욕구에 비해 비용은 얼마나 드는지 시간은 얼마나 필요할지 구체적으로 알아본 것은 없다.

끝까지 읽지 못하는 책은 수두룩하면서 또 새로운 책을 사들이며 벅찬 독서 계획을 세운다. 야식을 먹지 않겠다는 결심과 탄산을 줄이겠다는 생각은 늘 지속하고 있지만, 마음만 불편하게 한다.

새해를 맞이하면 늘 하는 다짐은 운동하기다. 내가 생각했던 일들을 실천하고 살았다면 나의 인생은 지금 어떤 모습일까?

모두 남과 다른 삶을 꿈꾸면서도 남과 다른 노력은 거부한다. 그렇게 자신을 위안하기 위해 만드는 무수히 많은 평계 속에 오늘도 그래도 이 정도면 괜찮다고 생각한다. 다른 사람은 어떤지 끊임없이 기웃거리며 세상이 만든 잣대 속에 나를 비추어 만족하기도 실망하기도 좌절하기도 너무 쉽게 한다. 인생이 생각대로 되지 않음을 비관하기도 한다. 왜 생각만 하면서 그리도 빨리 결정하는가. 판단하기에는 아직 시작한 것이 너무 없다.

먹고 싶은 것, 입고 싶은 것, 신고 싶은 그것부터 되고 싶은 것, 타고 싶은 것, 가고 싶은 곳, 이루고 싶은 것. 다 나열하기도 힘들 만큼 우리가 의식 속 무의식 속 이렇게 많은 생각을 하고 산다. 정작 지금 내가 하는 일, 배우고 있는 일, 실천하고 있는 일을 적어보라고 하면 별로 없다. 우리는 학습을 통하여 배우는 습관에 길들어 있다. 그렇다면 실천력 또한 학습을 통하여 배우자. 책이나 인터넷 정보도 좋고 사람도 좋다. 하루에 하나도 좋고 일주일에, 한 달에, 일 년에 하나라도 좋다.

실천하는 방법을 찾아보고 나에게 맞는 방법으로 숙지하고 하나씩 실천해보자. 지나온 생각들로 지금의 나는 바꾸지 못했어도 지금의 내 생각의 실천으로 나의 훗날은 바뀔 수 있음을 명심하자.

생각의 함정에
빠지지 마라

당신은 언제 생각을 하게 되는가? 일반적으로 사람들은 모든 일에 앞서 생각하고 행동으로 옮긴다. 하지만 그것이 늘 뜻대로 되지 않는다면 이번에는 반대로 행동하고 생각으로 옮겨보면 어떨까?

학원을 운영하며 새로운 돌파구가 필요했다. 잘 되던 학원을 정리하고 영어 미술교육의 뜻을 품고 미국에 가서 영어지도사 과정의 수업을 들었다. 그 수업이 어학을 배우는 시간이 아니었기에 수업에 참여하는 학생들은 원어민이거나 원어민처럼 의사소통에 무리가 없어 어떠한 수업이든 논의할 수 있는 수준이었다. 나는 언어가 완벽하지 않은 상황에서 수업을 진행하게 되었다. 지금 생각해보니 수업을 들을 수 있게 인터뷰에 합격이 된 것도 참 고마운 일이었다. 그렇게 시작한 수업에 나는 전 과목 A의 최고점으로 과정을 마치게 되었다. 수업마다 최선을 다했고 내가 부족한 점은 몇 배 이상의 노력으로 채웠다. 수업시간마다 제일 먼저 가서 앉아 있는 사소한 노력부터 모의 수업을 할 때도 특기를 살려 각종 교보재를 직접 만들어 발표하며 가장 적극적으로 수업에 참여했다.

미국에서 아트스쿨에 근무를 했다. 강사를 구하는 채용공고를 보고 망설임도 없이 전화해 나의 이력을 소개하고 그렇게 전화를 끊었다. 얼마 후, 한 통의 전화를 받았다. 미팅을 한번 하고 싶으니 포트폴리오를 가지고 방문하라는 것이었다.

한국에서 활동했던 자료들을 취합하여 미팅을 나갔다. 아주 다른 한국의 미대 입시 그리고 학원의 시스템을 흥미롭게 여긴 대표가 나를 채용한 것이다. 영어가 완벽하지 않은 상태에서 내가 수업을 들으러 가는 앞의 사례와는 차원이 다른 문제이다. 내가 강의를 하고 돈을 받는 일을 하게 된 것이다. 원어민이 아닌 언어의 부족함을 가지고도 아이 출산을 앞두고 꼭 다시 오라는 신신당부를 들으며 일을 마쳤다.

무언가를 이해하는 데에 언어가 가장 큰 영향력을 미치는 것은 사실이지만 언어가 아니라도 소통할 수 있다는 것을 깨달았다. 두 가지의 일을 해내는 동안 심지어 나는 임신 중이었다. 병원을 간다는 것도 도전이었다. 전문적인 의학용어들을 나눈다는 것이 쉽지만은 않왔지만, 그 또한 제대로 된 공부가 된 것 같다. 생명을 책임지는 부모가 되는 것에 자칫 내가 잘못 이해하여 아이에게 이상이 생길까 하는 책임감으로 우리 부부는 집중 또 집중하였다. 그렇게 병원에 다니고 배우고 강의를 하며 제일 감사한 것은 입덧 한 번 없이 밤새 자료를 준비하고 공부하는 엄마 배 속에서 너무도 건강하게 태어나준 아들이다.

나는 행동으로 옮긴 후 그 일에 대해 고민을 했다. 아무 생각 없이 무조건 시도하라는 것은 아니다. 결정을 위해 생각하느라 망설이는 시간을 최대한 줄여보자. 생각만으로 결과를 완벽하게 예측할 수는 없다. 자신만의 기준을 만들어 빠르게 결정하자.

나는 가장 우선순위로 이 일이 나에게 가치 있는 일인지 판단한다. 시간이 얼마나 걸릴지 노동의 정도는 얼마 정도 되며 그 대가는 무엇인지에 대해서는 하면서 판단해도 늦지 않다. 먼저 할지 말지에 대해서 빠르게 판단하고 결정하는 것이 필요하다.

어떤 일을 수행하는 데 총 시간은 정해져 있다. 그 시간 속에 생각하는 시간도 포함이다. 생각의 시간을 줄이면 실행 후 보완하고 수정하는 데에 시간을 더 쓸 수 있어서 완성도 있는 일을 해낼 수 있다.

자신만의 기준을 세워 실천하는 것을 반복하다 보면 어느 순간에 습관이 된다. 일부러 빨리 결정해야 한다는 강박관념을 가질 필요도 없이 편안하게 나의 일상이 되는 것이다. 한 번도 그렇게 해야지 하고 의도적으로 생각하여 실천하지 않았지만 하고 보니 선택에 허비되는 시간이 짧았고 그 속에서 어떻게 할지에 대해 고민할 수 있는 시간을 벌어 내가 부족함에도 해낼 수 있었다.

행동을 먼저 하는 것은 그만큼 많은 일을 할 수 있게 되고 경험치는 고스란히 나의 재산이 된다. 무엇보다 좋은 것은 후회라는 것을 줄일 수 있다.

나는 살면서 후회를 한 기억이 드물다. 모든 일이 다 성공하거나 완벽해서가 아니라 그때마다 행동으로 옮겼기 때문이다. 해봤다는 것이다. 생각이 꼬리를 물고 반복되는 것처럼 행동도 그러하다. 하나의 결정으로 무언가를 할 때 여러 가지 시도를 하게 된다. 즉 하나의 행동은 많은 일을 경험하게 되는 놀라운 힘이 있고 부족하거나 실패를 해도 그 속에서 많은 것을 배울 수 있다. 실제로 후회를 하는 사례를 들어보면 해서 하는 후회보다 해 보지 못한 것에 대한 후회가 더 많다.

새롭게 시작하는 일의 결정도 마찬가지다. 일이 밀려 있으면 스트레스를 받기 마련이다. 일이 왜 밀리는지에 대해 관찰하자. 양이 많을 수도 있고 순서가 엉망이거나 시간 부족, 게으름 등 다양한 이유가 있다.

많은 이유 중 생각으로 일을 하는 나를 발견하게 된다. 더 중요하게 판단되는 일이 생기거나 하기 싫은 일이 있으면 일의 순서가 엉망이 된다. 일하는 중 더 중요한 일이 생겼을 때는 순서와 상관없이 생각이 복잡해진다. 하기 싫은 일은 미루게 되며 마음이 불편해지고 계속 머릿속을 떠나지 않는다.

학업, 직장에서의 업무처리, 집안일, 육아와 같은 생활 속에서 해야 하는 일은 새롭게 시작하는 일의 결정과 달라서 할까 말까의 문제가 아니라 싫든 좋든 해야 하는 일이다. "일해도 끝이 없다"라는 말을 자주 한다.

일은 생각으로 마무리가 될 수 없다. 이때도 자신만의 기준을 세우는 것이 필요하다. 나는 시간을 정해 한 가지 일을 하는 동안에는 그 일에만 집중을 한다. 시간을 정해 그 일을 꼭 마무리하고 행동 한 가지를 머릿속에서 깨끗이 지운다.

싫어하는 일도 순서를 바꾸지 않고 오히려 먼저 처리하려고 노력한다. 하지도 않으면서 계속 머릿속에 따라다니며 나를 괴롭히기 때문이다. 아이에게 약을 먹일 때 쓴 약을 먼저 주고 달콤한 사탕을 준다. 싫어하는 일은 될 수 있는 대로 빨리 처리하고 머릿속에서 내보내야 한다.

다이어리에 몇 달째 똑같이 쓰이는 문구가 있다. 전 달에 하지 못해 이번 달 계획으로 또 세워진 것이다. 일을 처리할 때에는 합리적인 기간을 정하고 그 기간 내에 최대한 달성하려고 노력한다. 안 되는 것은 과감히 머릿속에서 지워야 한다. 이렇게 행동을 한 가지씩 마무리하는 습관을 기르자. 완벽이 아니라 완성을 하는 것이다. 성취감을 통해 자신감도 생기고 스트레스도 줄어든다.

아이들과 만들기를 한다. A학생이 점토로 무엇을 만들지 고민을 한다. 사자를 만들고 싶은데 어려울 것 같다. 비교적 접근성 있는 고양이를 만들기로 한다. 고양이를 완성했다. B라는 다른 한 학생이 만들기를 한다. 고민하다 사자를 만들기로 한다. 만들다 보니 고양이처럼 보인다. 고양이를 완성했다. 둘은 똑같이 고양이를 만들었다. A학생은 만드는 동안 본인이 하고 싶은 것을 하지 못해 아쉬워했고 그나마 정한 고양이도 잘 안 될까 걱정했다. 다음 시간에도 또 할 수 있는 적당한 목표의 활동을 진행한다.

B학생은 본인이 하고 싶은 활동을 하는 동안 즐거웠고 사자를 만들며 무엇이 어려운지 파악하고 어떻게 표현을 해야 사자가 되는지 깨달았다. 다음 시간에는 사자를 만들 수 있을 거란 자신감을 얻었고 실제로 만들었다. B라는 학생이 생각과 다른 결과물이 되었다 해서 실패라고 말할 수 있겠는가?

두 학생은 같은 생각으로 시작했으나 행동과정에서 다른 결과를 볼 수 있다. 우리는 시작하기 전 생각으로 많은 판단을 한다. 안 될 것이라 두려워하기도 하고 불가능할 것이라 단정 짓기도 한다.

우리는 흔히 "생각대로 되지 않는다"라는 말을 자주 한다. 그렇다. 살아가며 내 생각대로 되지 않을 때가 많다. 학생이 공부할 때, 직장

생활이나 사업을 할 때, 집안일을 할 때, 연인관계, 대인관계, 특히 육아까지 생각대로 되지 않은 경험들이 수없이 있다. 생각만으로 결말을 예측하는 것은 불안정하다. 행동을 위한 자신만의 기준을 만들었다면 함정에 빠지지 않도록 규칙을 정해보자. 본인을 위한 규칙, 나와 관계하는 타인을 대할 때의 규칙으로 구분하여 명확하게 정하고 연습하다 보면 생각이 줄어들고 많은 일을 하는 나 자신을 만날 수 있다.

단순하게
생각하라

생각에도 실수가 있을까?

사람들은 말하고 행동하며 실수를 한다. 나는 말하는 것을 참 좋아한다. 무엇을 하든지 적극적이다. 그런 내가 어릴 때는 분위기를 잘 맞추고 이끌어간다고 생각했으나 사실은 다 내 착각이었다. 말과 행동이 많다 보니 실수도 되고 본의 아니게 상처를 주기도 했다. 누군가의 마음을 안 좋게 한다는 것은 내가 의도하지 않았다고 해도 잘못이다. 여러 번 다짐도 하고 목표도 세웠지만, 성격을 바꾼다는 것은 어려운 일이다. 계획대로 되지 않기 일쑤이고 조금만 신경 쓰지 않아도 금방 예전처럼 행동하는 나의 모습을 보게 된다. 이미 형성되어 있는 나의 행동을 변화시키는 데에는 생각보다 큰 노력이 필요하다는 것을 알았다.

"생각은 자유다"라는 말도 있듯이 생각은 상대에서 벗어날 수 있는 개인의 의지이다. 겉으로 드러나는 말과 행동과는 달리 생각은 지극히 개인적이라 감춰진다고 생각하기 쉽다. 보이지 않는다고 해서 다 괜찮을까?

요즘 매일같이 드는 생각이 있다. 묻지 않는 말은 하지 말자. 불필요한 생각은 하지 말자. 미국에 있을 때 많은 불필요함 속에 살고 있다는 생각을 한 적이 있다. 영어로 이야기를 하다 보니 한국말처럼 이야기할 수 없었다. 그러나 의사소통이 되지 않은 적은 한 번도 없다. 평소에 많이 하던 나머지 말들이 없어도 생활하는 데에 전혀 지장이 없다. 질문을 받으면 그에 맞는 답부터 하는 것이 순서다.

왜 그리 주변 상황과 결부시켜 많은 길을 돌아 본론으로 돌아오는 이야기 하는 방식을 가지고 있었는지 스스로 우스웠다. 언어가 달라서가 아니라 서로 다른 방식이 의사소통에 더 큰 문제이다. 다른 사람의 말과 행동에 관심이 많고 그들의 반응을 살피는 것이 상당히 지나치다는 것 또한 알게 되었다.

1층 테라스에서 바비큐 파티를 할 때면 웬만한 사람들은 신기할 정도로 관심도 없다. 반대의 상황으로 내가 길을 가다가 어떠한 상황을 발견하면 나도 모르게 그 상황을 살피고 많은 생각과 판단을 했다. 내가 많은 생각의 불편함을 느끼고 있다는 것을 알게 되었다.

하루에도 나 스스로와 상대방을 향한 부정적이거나 불필요한 생각의 실수는 참 많다. 그것은 상대방과 상관없이 적어도 나만은 정확히 알고 있음이 분명하다. 어떻게 하면 생각으로 하는 부정적이고 불편함 속에서 벗어날 수 있을까?

생각의 기회를 줄이자. 어떠한 생각을 할 때 좀 더 신중하고 확실한 선택을 위해 결정을 미룰 때가 많다. 나는 문자나 메일의 회신을 해야 할 때 좋은 표현으로 하기 위해 메일을 확인한 즉시 답하지 않고 미룰 때가 있다. 다시 답할 때는 처음부터 다시 읽고 답을 해야 하니 그만큼 시간이 더 소요하여 생각하게 된다. 아주 작은 습관이지만 그것은 불필요하게 시간을 허비하게 하고 그것이 일과 직결된다면 상대방으로부터 신뢰를 잃기도 한다.

첫째, 생각에도 순서를 정하자.

행동을 옮길 때는 결과에 따라 리스크가 생길 수도 있으므로 신중하기 마련이다. 그에 비해 생각으로 하는 모든 일은 책임과 부담이 덜하다는 핑계로 많은 생각을 해보게 된다. 생각하는 것이 나쁘다는 것은 아니지만 모두에게 공평하게 주어진 시간을 살아가는 우리는 생각으로 허비되는 시간을 한 번쯤 진지하게 검토해 보자. 하루, 주별, 월별, 연간의 할 일을 철저하게 계획을 세워보는 것과 마찬가지로 생각에도 계획을 세워보는 건 어떨까?

모든 시작은 '왜'로 시작해본다. 내가 이 생각을 지금 왜 하고 있는지 판단하여 지금과 나중에 생각할 것들을 순서대로 생각하는 습관을 길러보자.

둘째, 생각의 양을 정하자.

얼마 전 사무실을 옮기는데 짐을 꺼내기 시작하니 엄청나게 많은 양이었다. 어떻게 다 들어 있었나 싶을 정도로 많았다. 당장 사용하는 것들 외에 혹시나 필요할까 싶은 마음으로 정리하지 못한 물건들도 제법 많았다. 물건을 쉽게 버리지 못하는 성격으로 정리를 제법 잘 하는 편이지만 같은 서류를 찾느라 헤맬 때가 많다. 너무 많은 자료로 정작 내가 필요한 것을 쉽게 찾지 못하게 된 것이다. 생각도 많은 것을 하다 보면 중심 생각이 모호해진다. 불필요한 생각을 없애면 필요한 생각을 떠올리기 편하게 된다.

마지막으로, 생각의 결론을 정하자.

생각을 시작하면 끝을 보자. 정하지 못한 채 또 다른 생각을 하면 이전에 결정하지 못한 것이 머릿속을 떠나지 않는다. 결정할 때 최고의 선택을 하려고 노력하지만 그렇지 못할 때 내가 지금 할 수 있는 경우의 수를 두고 그중에서 최선의 결정을 빠르게 내린다.

그렇게 해도 모자란 것이 없다면 유지해도 좋고 최고의 선택을 하지 못하게 하는 요소들을 찾아서 다시 한 번 결정을 내려도 된다. 내가 할 수 있는 결정에서 조금 더 고민한다고 해서 크게 다른 결론을 얻지 못하는 것은 무수히 경험한다.

업무상 결정을 번복할 수 없는 상황이 아니라면 안 되는 것에 너무 집착하지 말고 최선을 추려서 결론을 먼저 짓고 다음으로 넘어가면 된다.

사실 지극히 당연하고 단순한 것들이지만 지키기가 쉽지 않다. 말을 할 때 순서를 생각하는 것처럼 생각에도 순서를 정해서 불필요한 시간을 줄이고 양을 정해서 빠르게 결론을 내리자.

한꺼번에 많은 생각을 하다 보면 내가 무슨 생각을 하는지 알 수 없고 끝없는 시간을 보내게 된다. 이렇게 작은 실천을 하면서 생각을 단순화하는 습관을 길러보자.

생각을 단순하게 하는 것은 실천력을 높인다. 생각 정리가 되면 해야 할 일의 구분이 쉽고 실천을 위한 그림을 그리기 쉽다. 사업을 하며 많은 업무를 감당하다 보니 잠깐만 방심하면 하루의 스케줄이 엉망이 되어 하나의 업무도 완료 못 할 때가 있다.

생각을 단순화하면 일의 몰입도를 높인다. 정리된 생각은 뒤도 돌아보지 말고 앞도 내다보지 말고 현재의 일에 집중하게 하고 빠른 업무처리와 직결된다. 빠른 업무처리로 완성도를 높이고 성취감과 만족도를 가져오게 한다.

예전에는 몰랐는데 사업을 하다 보니 내가 생각으로 시간을 많이 허비한다는 것과 시간의 활용이 생활에 치명적이라는 사실을 알게 되었다. 많은 사람이 나와 같이 자신이 생각하는 시간에도 시간이 흐르고 있음을 진지하게 생각지 못할 수 있다.

먼저 나의 평소 습관을 돌아보며 검토하고 나는 어떤 방식으로 생각을 하고 있는지 정확하게 파악해보자. 나처럼 생각지 못한 곳에서 불필요하게 값비싼 시간이 낭비되고 있지는 않은지, 있다면 구체적으로 정리를 해보자.

작년 한 해 "미치겠다"라는 말을 참 많이 했다. 일 중독이라 할 만큼 일하는 것을 좋아하지만 과도한 업무에 나도 모르게 입버릇이 된 것이다. 안 하면 안 했지, 내가 하는 일에는 완벽하기 바란 것 같다. 완벽이라는 기준은 내가 세울 수 있는 것이 아니다. 어린 아들은 유독 내가 전화 통화하는 것을 싫어한다. 잘 있다가도 내가 누구와 통화를 할 때면 소리를 지르거나 자신을 봐주기를 원해 같이 있을 때는 통화를 할 수 없는 지경이다.

바쁜 엄마와 보내는 시간이 많지 않은 아들에게 본인과 있는 시간에도 자신에게 집중하지 못하는 것이 속상했을 것이다. 이토록 나는 퇴근이라는 것도 없이 일에 매달려 있었고 하루를 마칠 때면 한 번도 오늘의 업무를 속 시원히 해결했다는 뿌듯한 기분이 든 적이 없다.

몸은 집에 와 있어도 생각이 멈추지 않은 것이다. 일의 완벽은 결과가 좋은 것만이 아니라는 생각이 든다. 주어진 시간에 해내고 그 일로부터 해방될 수 있는 것이 일을 잘 처리하는 것이다. 일하는 동안 아이가 걱정되고 아이를 보고 있는 동안 일 걱정으로 가득 찬 생각의 정리가 절실히 필요했다.

무엇을 하는 순간에는 단순하게 그것만 생각하기로 했다. 몸과 생각을 일치시키는 것이다. 아이와 놀 때는 생각도 아이와 노는 것에만 집중하고 어떠한 일을 처리할 때에는 그 순간에 처리해야 하는 것에만 신경 쓴다. 너무도 단순한 이야기지만 그 사소한 실천이 스트레스를 덜 받게 하고 활력 있게 생활하는 원동력이 된다. 지친 몸도 휴식이 필요하듯이 단순한 생각으로 마음을 자유롭게 하자.

chapter **2**

행동하지 못하는 이유

살아가며 하는 많은 후회 중에 해서 하는 후회보다
하지 못한 것에 대한 후회가 많다.
하지 못했던 이유는 여러 가지겠지만
결국 스스로 위안하기 위한 핑계이지 않을까.
한 번씩, '예전으로 돌아가면 어떨까?'라는 생각을 해본다.
나는 어느 때로 돌아가더라도 지금의 나와 전혀 다르지 않을 것이다.
내가 변하지 않는 이상 다시 똑같은 기회가 오더라도
다른 선택을 하지 못한다.
가장 적합하거나 할 수 있는 때라는 것은 없다.
지금이 그때다.
누가 뭐라 해도 나는 존재만으로도 존귀하며
내가 하지 못할 것의 이유는 아무것도 없다.

실패에 대한 두려움

사람은 누구나 미래와 실패에 대한 두려움을 가지고 살아간다. 생각해보면 실제 일어나지 않은 실패에 대한 두려움을 가지는 것이다. 사람을 잃지는 않을까? 돈을 손해 보는 건 아닐까? 시간이 헛되게 낭비되지는 않을까? 실패했을 때 잃게 될 것들을 우리는 두려워한다.

실패를 가까이서 보니 실제로 돈도 잃고 사람도 잃고 시간도 잃게 된다. 나는 가까운 주변 사람을 제외하고는 사람들에게 벽을 가지고 있다. 겉으로 드러나거나 대할 때 마음을 다하지 않는다는 뜻은 아니다. 내가 필요하다기보다 나의 무엇인가가 필요하므로 관계를 하는 것이라고 의도치 않게 선을 그어버리곤 한다. 어린 나이에 내 일을 시작하게 되면서 다치고 아플 것이 너무도 무시무시해 보였던 모양이다. 나는 적극적인 내가 제법 용감한 줄 알았는데 두려움을 가득

안고 살고 있었다.

하루는 오해를 받게 될 일이 생겼고 힘이 쭉 빠졌다. 정신을 차리고 보니 내가 잃을 사람이면 아무리 설명을 해도 잃을 것이고, 내 사람이면 오해를 하더라도 곁에 남아 있을 거란 생각이 들었다. 내가 두려워하는 것이 사실이 아닌 걱정만 앞선 내 마음이었다.

아이가 크는 것을 지켜보는 것은 놀라운 성장을 가져온다. 아이들을 가르치는 것이 직업이었던 나는 많은 아이와 학부모님들을 만나며 어느새 내가 전문가라고 생각했다. 아이들 상담은 물론이고 학부모 가정상담까지 하는 나의 모습을 본다. 늘 분석하고 판단하고 결론을 지었다. 당시에는 표현하지 못했지만, 아이들을 진심으로 이해하지 못해 부정적인 생각의 표현을 할 때도 많았다.

그럴 때면 오히려 지금의 남편인 남자친구는 다른 아이들을 그렇게 함부로 단정 짓지 말라고 조언했고 전문가인 나에게 그런 핀잔을 주는 게 못마땅했다. 내가 아이를 낳고 부모가 되니 입 밖으로 줄줄 나왔던 그런 평가의 말들은 찾아볼 수가 없다.

사람은 본인이 직접 경험하지 못한 일에 대해서는 아무리 지식이 있다 하더라도 판단할 수 없다고 말하고 싶다. 자식이 생기니 아무것도 내 맘대로, 생각대로, 배운 대로 되는 것은 없었다.

아이가 걸음마를 배우는 과정을 보니 사람이 태어날 때는 의지와 용기를 타고나는데 점점 더 위축되어 가는 게 아닌가 싶다. 뒤집기를 할 때 얼굴이 시뻘겋도록 그렇게 용을 쓰고 성공을 하고 배밀이를 하고 기어가기까지 정말 젖 먹던 온 힘을 쏟아 해내는 모습이다. 잡고 서고 한 발을 떼기 위해 수없이 도전하고 겨우 걷고 본인도 신기해서 걷고 또 걷고 마침내 뛰어가는 모습까지 본다. 난생처음 해내는 그 모든 과정에서 분명 두렵기도 했을 것이다. 두렵지 않아서 해낸 것이 아니라 두려움보다 조금 앞선 용기를 내어 본 것이다. 살아가는 우리는 기억하지 못하지만 그렇게 용기를 내는 삶을 시작했었다. 무엇이 이토록 겁쟁이로 만들었을까?

실패는 지독하게 써 보였다. 한때 험한 풍파를 겪은 후 엄마와 이야기를 나누다가 "저렇게 살아 옆에 있는 것만으로도 기적이다."라고 말한 적이 있다. 기적보다 놀라울 것이 있겠는가. 우리는 내 곁에 수많은 기적을 알아보지 못한다. 실수와 상대적 부족함과 어려움 속에 힘들어하느라 하루하루 축복임을 잊고 살아간다. 내가 살아 있지 않는다면 어려움도 부족함도 아무것도 존재할 일 없다. 실패는 무섭고 두려운 존재임은 분명하나 그보다 더 강인한 나의 존재함을 사랑하자.

확신이 있는 일에는 두려움이 없다. 확신을 가지는 방법을 찾고 애를 쓴다면 두려움 없이 더 많은 도전을 시도할 수 있다.

자신의 가치를 찾는 데 시간을 많이 쏟아야 한다.

· 나에게 있는 강점과 약점을 알아보자.

· 강점을 부각할 수 있는 법과 약점을 보안할 수 있는 법을 찾자.

· 하고 싶은 것과 잘할 수 있는 것을 구분하자.

· 그 가치에 부합하는 일을 계획하자.

· 계획된 일을 객관화하자.

· 단기적 장기적 전략을 찾고 실행에 옮길 단계를 수립하자.

· 시간을 정하고 효율적으로 실행에 옮기자.

· 아주 작은 것부터 시작하는 것으로 하고 빠짐없이 기록하자.

작은 실천을 하는 동안 확신하게 된다. 이 단계에서 확신은 꼭 성공이라는 결과만을 말하진 않는다. 작은 실천들이 쌓여서 더 큰 실행을 할 수 있는 확신을 하게 되고 열정을 가지고 도전을 한다면 자신만의 열매를 맛볼 수 있게 된다. 사랑하는 사람이 먹고 싶다면 구하러 가게 된다. 어떤 열매를 맛보고 싶은지 그에 맞는 도전을 해보자.

나는 운전을 할 때 철저히 내비게이션에 의존한다. 기능을 사용하기 시작한 이후로는 시내권에 아주 가까운 길을 나설 때도 검색을 한 후 출발을 한다. 내비게이션이 제대로 작동하지 않는 날엔 어렵지 않은 길도 헤매는 나를 발견했다. 편리함을 추구하는 세상은 두려움에 대한 준비를 방해한다. 내비게이션이 편하게 작동하는 동안 나는 거리의 이정표를 볼 필요도 없으며 내가 판단하거나 생각할 필요조차 없었다. 갑자기 기계가 작동하지 않는다면 위기를 맞이하게 되는 것이다. 당장 편리함보다 다양성을 추구하자. 같은 일이라도 한 번의 성공에 만족하지 말고 새로운 시도를 하는 것을 생활화하여 습관화하자. 다양한 경험은 새로운 환경에 대한 이해를 높여 적극적인 행동을 할 수 있게 한다.

사소한 일에는 두려움이 없을까? 사소해서 실패할 일이 없는 것이 아니라 실패해도 상관없다고 여긴다. 대수롭지 않게 생각해 목표한 바를 못 이룬 일이 많이 있다. 무수히 많은 실패를 한 것이지만 실패라고 여기지 않는다. 당장 할 수 있는 작은 일을 해내지 못하면 어떠한 일도 해내기 힘들다는 것을 잊지 말자.

어느덧 또 새해가 밝았다. 해가 바뀌고 모두 한 살을 먹었다. 똑같은 시간을 받고 어떤 시간을 보내는가는 모두가 다르다. 두려움이 없는 사람도 없다. 살면서 제각각의 모양으로 예고 없는 위기가 찾아올 것이고 두려움을 가지게 된다. 동생을 낳아달라고 조르는 아들에게 동생이 생기면 잘 나누어서 할 수 있겠는지 물었다. 아들은 더 많이 사라고 대답한다.

두려움을 만날 준비를 할 때 두려움보다 더 큰 용기를 준비하자. 확신과 자존감을 가지고 두려움을 이겨낼 용기 있는 삶의 자세를 가지자. 늘 더 멋진 삶을 사는 누군가를 닮고 싶어 하는 당신은 다른 누군가의 부러움의 대상이고 당신이 생각하는 것보다 훨씬 더 괜찮은 사람이다. 세상에 나를 대신할 사람은 아무도 없다. 나를 사랑하고 작은 일에 충실하고 오늘의 삶에 최선을 다하자.

게으름을
인정하라

누군가 특별히 느리고 무언가 하지 않는 것만 게으름이라고 할 수 있을까?

야행성이던 예전의 나는 아침 알람 소리에 한 번에 반응하는 적이 드물었다. 매번 멈추게 될 알람을 왜 그리도 열심히 맞추고 잠자리에 들었는지 모르겠다. 일찍 일어나겠다고 수도 없이 다짐하고 어김없이 지키지 못하는 아침의 기상 약속으로 만족스럽지 못하게 하루를 시작하기도 부지기수였다. 하루에도 몇 번씩 휴대전화를 보는 일이 잦다. 이것저것 보다 보면 시간이 훌쩍 지나 있고 자신에게 짜증이 난다. 불필요한 통화도 마찬가지이다. 일상 속에서 하고자 계획한 일을 하지 않고 사소하게 보내는 습관과 버릇은 게으름이다. 그렇게 하루의 시작과 동시에 잠자리에 들 때까지 게으름과 함께 생활하는 내 모습이다.

학원을 운영할 때 누구보다 몸과 마음을 다 쏟고 있다고 생각했고 주변에서도 인정해주는 모습에 스스로 참 부지런하게 살고 있다고 생각했다. 나는 이미 바쁘게 살고 있으니 실천하지 못한 많은 일은 시간이 없어서 할 수 없는 것이라 치부했다. 당시 오랜만에 만난 동창생이 출근은 남보다 늦게 하고 퇴근은 빨리해서 좋겠다는 말을 한 적이 있다. 문득 부지런히 살고 있어서 게으름과는 상관없다는 것은 착각이라는 생각이 들었다.

부지런한 것과 시간을 효율적으로 잘 사용하는 것은 다르다. 학원을 운영하며 출근 시간은 점심시간 정도가 되고 퇴근 또한 회사에 다니며 가지는 제약에 비해 자유로웠다. 그렇다 해서 퇴근이 완전한 퇴근이 되지 못하고 주말에 쉬어도 오직 나만을 위한 휴무일이 되지 못했다. 업무의 시작과 끝이 구분이 없고 생활에 규칙이 없었다. 일 외에는 특별한 일상이 없고 늘 열심히 무언가 하고 있지만 대부분 업무 처리였다.

메모를 좋아하는 나의 다이어리에는 계획들이 장황하게 적혀 있었다. 몇 년 전에 한 메모 중에 여전히 지키지 못해 반복적으로 계획하는 일들이 많이 있었다. 나는 부지런한데 도대체 왜 지키지 못했을까? 규칙적으로 정해진 것이 없어 허비되는 시간이 많았다. 별것 아닐 것 같은 그 시간으로 인해 내가 하고 싶은 것을 감당할 시간을 흘려보낸 것이다. 규칙이 없고 실천을 하지 못하는 것은 게으름이다.

미국에 있을 때 서부에 거주하고 있어서 동부로 여행을 간 적이 있다. 서울도 안 가본 사람이 더 잘 안다고 하지 않던가. 이미 책으로 동부에서 볼거리, 먹거리, 지역별 특색들을 간파하고 요일별 시간대별 가이드를 다 짜서 출발했다. 내가 세운 계획에서 하나도 빠뜨림 없이 진행되어야만 한다. 다시는 안 올 것처럼 그곳에 모든 것을 먹고 둘러보고 사진으로 남겨야 직성이 풀린다. 심지어 그렇게 하는 것이 옳다고 생각했다. 결혼 전 한국에 웬만한 지역들은 나의 방식대로 여행해도 크게 무리가 없었다. 동부여행은 달랐다. 평소 바깥으로 굽이 닳는 습관이 있는데 신고 갔던 신발의 굽이 정확히 대각선으로 다 닳아 있었다. 끝도 없이 걷고 또 걸어야 해서 나중에는 내가 먼저 그만두자고 했다.

종종 주말에 해변에 가면 아무것도 하지 않고 있는 사람들을 본다. 나의 기준으로는 하는 것 없이 그렇게 시간을 허비하는 것으로만 생각했다. 이제는 편안하게 책을 읽거나 가족들과 공놀이를 하고 도시락을 먹는 시간이 얼마나 중요한지 깨닫게 되었다. 그 시간을 통해 새로운 에너지를 얻고 다른 생각과 행동을 할 수 있는 계기가 된다. 가족들과 편안하게 이야기를 나누는 시간 동안 서로를 더 잘 이해할 수 있어 갈등이 줄어든다. 열심히만 하는 것보다 가치의 우선순위를 발견하는 데에 힘을 쏟는 것이 게으름으로부터 자유롭게 한다.

나태한 사람만이 아닌 현명한 실행을 하는 것에 방해되는 시간을 보내는 모든 순간을 게으름이라 생각한다. 게으름으로 망설이는 시간은 행동할 시간을 가지기 어렵게 만든다. 우선 자신이 어떠한 부분에 게으른지 바라보자. 발견되는 게으름이 있다면 인정하자. 정확히 인지하고 인정만 해도 게으름으로부터 탈출의 반은 성공한 셈이다.

타인의 시선

어릴 적에는 다른 사람을 의식하는 버릇을 고치고 싶었다. 말이나 행동할 때, 일할 때나 일상을 보낼 때도 다른 사람을 의식하며 산다. 정작 해야 하는 것은 나를 보는 나의 시선이 아닐까. 스스로 만족하는 최선이라면 인정해주자.

모든 사람이 나와 같을 수 없다. 만나는 모든 사람이 나를 좋게 평가하기를 바라는, 말도 안 되는 생각을 하고 살았다. 학창시절에는 반에 있는 모든 친구와 원만히 지내야 했고 사소한 부정적인 말과 행동에도 큰 서운함을 가졌던 사람이다. 그러면서 다른 사람을 늘 의식하며 살았고 일을 하면서 절정에 달했다. 의식하다 보니 사소한 일에도 괜스레 예민해지고 나를 위한 준비보다 보여주는 것을 신경 쓰는 시간이 늘어났다. 이 말을 하고 오해가 되지는 않았을까 내내 신경 쓰는 성격이 되었고 모임을 가더라도 겉으로 보이는 것에 신경을 썼다.

거기서 그치지 않고 남과 비교하고 불필요하게 혼자만의 경쟁도 한다. 일을 쉬고 외국에서 생활하면서 다른 사람을 지나치게 생각하는 것이 얼마나 불필요한 것인가 알게 되었다.

강의장을 가도 마찬가지다. 내가 하는 강의가 모든 사람에게 만족을 주면 좋겠지만 그렇지 않다고 해서 이제는 상처받지 않는다. 최선을 다하지만 각자 품는 생각까지 내가 어떻게 할 수가 없다. 어떤 노력을 한다 해도 분명히 모두가 만족할 수는 없다. 내가 다양한 강의를 들을 때도 마찬가지다. 시간이 날 때 종종 특강이나 정규강좌 수업을 들어보면 실제 만족스럽지 못할 때도 있지만 계속 참석하는 이유는 그 수업을 통해서도 꼭 무엇 하나는 얻어오는 것이 있기 때문이다. 강의 기술, 적용사례, 실천사항이 되는 날도 있고, 일 외에 일상이나 자녀에게 도움이 되는 것을 얻게 되기에 통째로 버려지는 시간은 없다.

간접경험과 내가 직접경험을 통해 얻어지는 가치는 분명한 차이가 있다. 경험하기 전에 이미 다 알면 좋겠지만 겪어야 알아가는 것들이 많다. 하나씩 겪어볼 때 새로운 가치가 만나졌다. 이제는 다른 사람을 의식하는 그것에서 아주 자유로워졌다. 일하는 데에 훨씬 효과적이다. 이 일이 내가 추구하는 가치와 일치하는지 내가 원하는지 내가 잘할 수 있는지를 생각한다. 남을 의식하던 예전보다 어떠한 일이든 나를 중심으로 바라보게 된다. 불필요한 감정을 덜어내어 빠른 결정을 끌어낼 수 있고 실천력을 가지는 데에 고민하는 시간이 줄어들었다.

미국에서 임신하고 학교에 다닐 때 스쿨버스를 타고 집으로 돌아오는 길, 그날따라 버스는 만원이었다. 앉을 자리가 없어 서서 가던 중 한 학생이 일어서며 자리를 양보했다. 무의식 속에도 이런 시나리오가 있었다. 양보했을 때 덥석 앉을 수 없으니 괜찮다고 하면 한 번 더 권할 것을 예상했고 그러면 못 이긴 듯 앉는 것이다. 시나리오와 달리 거절을 하니 그 미국 학생은 다시 그 자리에 앉았다. 괜찮다고 하는데 다시 권하는 게 더 예의가 아니라고 생각하는 것이다. 참 합리적이다. NO는 NO이다. 그러다 차가 급정거하는 일이 생겼고 나는 안간힘을 써서 겨우 넘어지지 않았다. 그 이후로는 누가 양보를 할 때는 바로 고맙다며 받아들였다.

영화배우뿐 아니라 우리도 살면서 셀 수도 없는 나만의 드라마를 찍는다. 내가 주인공으로 출연하기도 하고 다른 사람의 삶 속에서 보조로 등장하기도 한다. 우리는 혼자 살 수는 없다. 그 역할에 충실해 보자. 나의 인생 드라마에서는 내가 주인공이다. 내게 주어진 삶을 잘 살아야 할 책임과 의무가 있는 분명한 내 인생 드라마의 주인공은 나이다. 지금 내 삶의 주인공은 누구인가? 혹시 나의 역할과 분량을 다른 보조출연자에게 침범을 당하고 있지는 않은가. 혹은 내어주고 있지는 않은가. 주인공의 자리를 내어주지 말자. 때로는 걱정과 관심이라는 이유로 지나치게 참견을 할 때도 있다. 다른 사람의 드라마에는 보조역할임을 기억하자. 신경 쓰지 않고 상처를 안 받는 것이 좋으나 나처럼 그렇게 털어버리는 성격이 못 된다면 단순하게 생각하자.

사람들이 나와 같은 생각을 가진다고 생각하지 않기로 했다. 다르다는 것을 당연하게 생각하고 나니 다른 의견을 내더라도 신경 쓰일 것이 없었다. 내 생각이 다 맞단 생각도 하지 말자. 예전에는 알면서도 받아들이지 못하고 끝까지 인정하지 못하던 경우가 종종 있었다. 끝까지 내 의견이 틀리지 않았음을 증명해 내는 데에 힘을 쏟았다. 인정하고 새로운 사실을 하나 더 익히게 되는 것이다.

먼저 결정하고 조언을 구한다. 결정하기 전 수많은 의견과 조언과 정보를 접하고 그것을 토대로 결정을 하면 나의 의견에 집중하기 쉽지 않다. 내가 먼저 판단하고 나의 의견을 종합하여 결론을 내리고 타인의 의견을 수렴해 보는 것도 늦지 않다. 미처 생각하지 못한 부분이 있다면 변경하면 된다. 함께 살아가는 세상에서 법과 도덕에 어긋나지 않고 타인을 배려하고 존중하는 정도가 적당하다. 지나치게 주변을 의식하는 것은 결국 내 시간과 에너지를 낭비하게 된다.

과거의 경험

작년은 참 바빴다. 하나하나 일을 놓고 보면 다 즐거운 일인데 그
것들이 삶에 지장을 주기 시작하면서 내가 그토록 좋아하는 일이 더
는 즐겁지 않게 된다. 그럴수록 가족과 함께하는 시간 특히 어린 아
들과 보내는 시간을 좀 더 보낼 방법을 찾곤 했다. 정말 다시는 돌이
킬 수 없는 시간이기에 놓치고 살았다간 너무 후회될 것만 같았다.
하지만 온전히 아이만을 보지 못하고 함께 있어도 할 수 있는 업무들
을 처리하기 시작했다. 아이와 있는 시간에 아이에게만 집중하지 못
하는 모습이 좋지 않게 느껴졌고 또 고민했다. 과연 어떻게 하는 것
이 옳을지 고민의 연속이다. 이러다 어느새 훌쩍 커버리고 말 것 같
다. 어떤 것이 옳은 것일까? 후회되는 과거의 모습을 다른 모습으로
바꾸니 머지않은 미래에 또 고민하는 과거가 되어버린다. 과거의 경
험에서 벗어날 수는 없을까? 도전과 실패를 반복하는 일상 속에서

철저한 기준을 세우기란 쉽지 않다.

새해가 아니 새롭게 달이 바뀔 때마다 세우는 계획이 있다. 운동 시간을 가지는 것이다. 올해도 시작한 지 몇 달이나 되는데 매달마다 다이어리에 운동계획을 세워보지만, 여전히 실천하지 못하고 있다. 이제는 구체적인 목표나 구상도 없이 습관처럼 계획으로만 끝나는 것 같다. 동물들은 조련하는 사람이나 방법에 따라 각기 다른 반응을 보인다. 나의 몸이 생각하고 실천하는 무수히 반복되는 경험 속에 철저히 길들어 있다. 계획하지만 행동하지 않는 나를 통해 이미 실천하지 않을 것을 알고 있고, 그것을 대수롭지 않게 느끼는 듯하다.

독서에 대한 이루지 못하는 계획들도 있다. 책을 처음 접할 때 불같이 빠른 속도를 내어 읽지만 금방 그 마음이 식어 끝까지 못 읽는 책들이 참 많다. 책장에 꽂아둔 책들을 볼 때마다 마저 읽지 못해 마음이 불편하다. 그러면서 또 새로운 책을 사고 그 행동을 반복한다.

업무량과 상관없이 나오는 월급이 불만이었던 지인은 다니던 회사를 그만두고 사업을 시작했지만, 예전 월급만큼은 꼭 벌어야 한다는 생각에 스트레스를 받고 일에만 몰두한다. 그렇게 불만이었던 직장 시절보다 업무량은 더 많고 일은 뜻대로 풀리지 않다 보니 새로운 도전에 힘들어 했다. 이런 사소한 경험들이 쌓여서 의지를 약하게 한다. 때론 자괴감이 들기도 한다. 실패의 경험은 더욱이나 새로운 시작이나 도전을 두렵게 한다.

꼭 실패의 경험이 아니더라도 예전 경험은 새로운 도전을 하지 못하게 발목을 잡기도 한다. 20대에 학원을 경영한 경험이 있다. 지금 새로운 도전을 하는 나는 그 경험에서 벗어나지 못할 때가 있다. 학원을 운영할 때는 명확한 방향이 있었다. 수강생이 와서 교육을 받아 발전되는 모습을 통해 긍정적인 영향력을 주는 것이다. 달마다 일자별로 계획하고, 준비물까지 알 수 있으며 실제 운영되는 수업도 정확하게 예상할 수 있다. 쉽지는 않았지만 원하는 방향으로 만족스러운 결과를 바로바로 가질 수 있었다. 늘어가는 수강생들을 보며 적용한 계획들이 잘 실천되었는지 알 수 있고 매월 받는 회비로 수입도 일정하게 가질 수 있다.

하지만 사업을 시작한 지금 학원을 운영했던 경험이 때론 내 발목을 잡는다. 지금은 매월 계획하는 것이 반복적이지 않고 일자마다 준비할 것이 다르며 실제 하루의 삶도 생각했던 것처럼 진행되지 않는다. 무엇보다 답답한 것은 내가 설정한 방향이 맞게 진행되고 있는지를 때마다 명확하게 알 수 없다. 반복해서 드는 생각은 학원을 할 때 그렇지 않았음을 느끼며 답답하게만 느껴진다.

그런 마음을 어떻게 알고 주변에 또래의 사업가들이 한마디씩 하는 것이 나의 정신을 바로 차리게 한다. 사업은 그날그날 판매하여 수익을 취할 수 없고 장기적인 계획을 세우고 준비하고 움직여야 한다. 전문적인 경영 수업을 받은 것도 아닌 내가 마음과 열정 그리고 아이템만 가지고 당장 결과를 가져온다는 것 자체가 어쩌면 있을 수 없는 일이다.

나에게 맞는 방법이 필요하다. 현재 자영업을 해서 시간이 자유롭지만 규칙적이지 못한 면이 있다. 규칙을 가지기 위해서 과거의 삶의 패턴을 분석하고 데이터를 내어 어떤 모습이 합리적이고 나은지에 대한 판단을 해보기로 한다. 일을 할 수 있는 시간을 분리하고 불시에 일을 연장하는 일을 최소화하기로 했다.

아이가 정해진 공간에서 놀이하면 놀잇감 정리가 편하다. 내가 살아온 모습들을 존중하고 감사히 여길 필요가 있다. 다만 정해진 공간에서 활용하자. 마음의 방을 만들어 현재의 나에게 가장 큰 방을 내어주고 이 공간에서만큼은 다른 방에서의 경험으로부터 자유로우면 어떨까? 실천 가능한 사소한 목표를 세우고 하나씩 행동으로 옮겨 끝까지 마무리하고 문을 닫고 나오자. 완성된 방이 늘어 갈수록 사소한 실천은 습관화되어 과거로부터 자유롭고 새로운 도전에 용기 있는 나를 발견하게 된다.

부정적인 생각

　부정적인 사람이 싫은 나 역시, 부정적인 생각에 많은 영향을 받고 있음을 알게 되었다. 바쁘게 일을 하며 입버릇처럼 "정말 죽겠다"라는 생각과 말을 참 많이 한 적이 있다. 어느 순간에 정말 다 포기하고 싶어졌다. 생각의 지배를 받는데 부정적인 생각은 더욱 강하게 지배를 받는다. 습관처럼 드는 부정적인 생각은 어느새 마치 실제로 느끼는 것 같다. 사실 들여다보면 힘듦보다 더 큰 보람과 가치가 있지만, 부정적인 생각은 좀처럼 쉽게 떨쳐버릴 수가 없다.

　노인 대상 문화예술교육사업을 처음 기획하며 든 생각이다. 여러 자료를 보며 '프로그램이 왜 이렇게 한정적일까?'라는 것. 활동들이 별로라는 것은 아니나 보통 할 수 있는 수업들을 보면서 이것이 노인 교육의 한계인가 생각했다.

그때부터 나름 준비하여 프로그램을 기획하고 수혜지역과 대상을 선정하기 위해 경로당의 대표로 있는 큰아버지를 찾아갔다. 이모저모를 검토하시던 큰아버지께서 "우리가 아직 젊어서 이런 것을 하는 것에 무리가 있다. 시간의 여유도 없고"라고 하신다. 조카인 내가 하는 일이라서 도와야 한다면 추진은 해볼 수 있겠으나 마음이 나서지는 않는 모양이다. 큰아버지께 괜찮다고 하면서 나왔지만 마음이 아주 복잡했다.

이 기획안 자체를 대부분 어르신이 나고 크고 평생을 함께하신 그 마을을 염두에 두고 짰던 터이기도 하고 기획안 제출이 며칠 남지 않은 상황이라 사실 괜찮지 않았다. 더욱이 젊어서 못하겠다고 하셨던 큰아버지의 연세는 70세가 넘으셨기에 내가 이해하고 생각하는 모든 것을 원점으로 돌려놓는 순간이었다. 그동안의 노력이 시작도 못 해보고 끝나버릴 위기에서 제출을 얼마 남기지 않고 극적으로 기관이 결정되었다.

면 단위 마을에 학령기를 놓치신 어르신들께서 문해교실을 지역의 도서관에서 하고 있는데 그분들을 대상으로 수업을 진행할 수 있게 되었다. 더욱이 책을 출판하는 프로그램이었던 터라 평생에 처음으로 한글을 배우시는 분들과 함께하게 되어 그 가치는 더해졌다.

"몇 살을 노인이라 생각하십니까?"

2차 심사발표에 가서 처음으로 입을 연 말이다. 70대 큰아버지가 젊어서 못한다는 말씀을 주신 이후로 기획안을 제출하고 노인 활동에 대하여 처음부터 다시 생각하게 되었다. 선정되어야 진행하게 되므로 할 수 없을지도 모르는 상황에서 웃음 치료, 오락 지도, 건강 지도, 노인 심리상담 등 생각지도 못했던 전문가과정 수업을 직접 수강하고 실제로 어르신들을 대상으로 하는 수업을 찾아 참관도 했다. 최종선정이 되어 그렇게 시작하게 된 "백 세 인생, 나도 책 쓴다고 전해라!"라는 지역 특성화 문화예술교육 지원사업 이야기이다.

최선을 다해 짜인 커리큘럼이었지만 제공하는 방법에 대한 고민으로 수업 전날은 늘 밤잠을 설쳤다. 완벽하게 준비를 했다 하더라도 듣는 사람이 잘 받아들이고 즐거울 수 있도록 철저히 수강생들의 언어로 전달되어야 한다. 열심히 준비하고 예산과 지원이 부족하지 않았지만, 수강생이 오지 않는다면 아무것도 아니다. 수업을 받아본 학생이거나 그나마 무엇을 해보고자 하는 일반인들과는 달리 지금의 노인세대 평범한 어르신들은 문화예술교육을 경험하지 않아서 하고자 하는 욕구가 높지 않고 딱히 할 이유가 없다. 건강상이나 생계의 이유가 생기면 당연히 참석할 수 없다.

그분들의 생각과 마음을 움직이게 하는 것 그것이 첫 번째의 과제였다. 수업 전날이면 일일이 전화를 했고 조금 더 참여를 권유하고자 마을의 여러 경로당과 어른들이 계실 만한 곳을 찾아 방문하고 수업을 알렸다. 심지어 동네에 지나가는 어른들만 보여도 차를 세워서라도 수업을 안내하고 연락처를 받았다. 많은 분이 그게 무엇이든 상관없이 새로운 시작 자체에 거부감을 가지고 계신다. 작게는 60년부터

90년 동안의 생각과 습관이 어떻게 바뀔 수 있겠는가? 그중에서도 더욱이 바뀌지 않는 것이 부정적인 생각이었다. 꼭 오시면서 골치 아파하시던 수강생이 기억에 남는다. 매번 하시는 말씀이 머리 아프다, 나는 못 한다, 시키지 마라, 하지 말라 했다.

그 어머니께는 당장 어떠한 수업보다 본인이 주체가 된 활동을 통해 이 순간이 좀 즐겁고 나도 할 수 있다는 마음을 가지게 하는 것이 우선이었다. 생각에 생각을 거듭하며 발전하는 수업을 통해 늘 못하겠다는 부정적인 생각이 줄어들면서 해보겠다는 욕구가 생겨 새로운 도전을 하게 되고 웃음을 찾고 밝아진 모습을 보게 되었다.

수업을 마치고 책이 출간되던 마지막 날 그 어머니께서는 눈물을 글썽이며 참 애썼다고 하며 손을 꼭 잡아주셨다. 수업을 통해 글쓰기, 만들기, 그림 그리기, 교복 입고 소풍 가기 등의 경험을 제공하고 그 모든 내용은 책으로 담아 출간했다. 막상 해보면 별것이 아니거나 생각보다 좋고 즐거울 수 있는 것도 생각으로 차단할 때가 있다.

도서관에서 일반인 대상 수업을 진행하는데 보기만 해도 즐거운 사람이 있다. 늘 웃고 지금이 너무 행복해 보이는 모습이다. 이야기를 들어보니 본인이 결혼을 하고 고향을 떠나 이 지역으로 오게 되어 처음에는 일하지 않고 집에 있으면 얼마나 좋을까 했다고 한다. 계속 있다 보니 지겹고 힘든 터에 이렇게 나와서 수업을 듣게 되어 집 밖에 나오는 이 순간이 너무 행복하다고 했다. 그분의 모습만 봐도 긍정의 에너지가 전해져 보는 사람도 즐겁다. 반면 만날 때마다 불평불만만 이야기하는 사람이 있다. 점점 대화를 꺼리게 되고 공감이 되기보다 왜 저렇게만 생각을 하는지 안타깝게 된다.

지금은 성인이 된 당시 초등학생 제자가 해준 말이다.

"선생님, 말에는 힘이 있다고 배웠습니다. 선생님 다른 동네에까지 소문나는 유명한 학원이 되었으면 좋겠고 그렇게 하실 수 있을 거예요."

무척이나 기특했다. 기분이 좋았다. 긍정적인 표현을 해주는 생각과 마음이 큰 에너지로 다가왔다.

사람은 부정적인 일을 긍정적으로 해석하거나 긍정적인 상황을 부정적으로 보는 놀라운 능력이 있다. 사람들의 고민을 들을 때면 그 고민 자체가 문제라기보다 그 일을 대하는 생각과 마음에 있을 때가 많다. 나 역시도 어떠한 고민을 털어놓다가 스스로 문제 해결 방법이 떠오를 때가 있다. 일을 처리할 때 가장 효과적인 방법은 그 일을 잘 아는 사람이 해야 한다. 나에게 생기는 문제는 내가 잘 처리할 수 있는데 방법을 찾기 위해 나의 긍정적인 면을 끄집어내는 것이다. 역량 중에 사소한 것일지라도 긍정적인 생각을 찾아 접근하다 보면 분명히 다른 결론을 찾을 수 있다. 긍정적인 생각을 의식하여 반복하다 보면 습관이 되고 부정적인 일도 긍정적 접근이 가능하게 된다.

부정적인 언어는 긍정적 언어보다 그 파급력이 강한데 파급력이 작게는 5배에서 많게는 무려 17배나 강하다고 한다. 긍정적인 대화가 부정적인 대화에 비해 다섯 배는 많아야 서로 비례하게 된다. 커뮤니케이션 전문가는 긍정적인 사건보다 부정적인 사건이 전파되는 속도가 무려 17배나 빠르다는 것을 실험결과 밝혀냈다. 오답을 통해서 빨리 배우는 것에서도 부정성에 빠르고 강력한 영향을 받는 것을 알 수 있다. 이렇게 볼 때 부정은 결과를 좋고 나쁨을 떠나 상당히 강력한 영향력을 끼침을 알 수 있다.

우리가 하는 부정은 어떤 것이 있을까? SNS를 하다 보면 한도 없이 시간이 갈 때가 있다. 상대적 감정으로 나를 과소평가하게 된다. 시간이 없다는 핑계를 댈 때가 많다. 모두에게 공평한 시간이 주어짐을 잊지 말자. 같이 주어진 하루에 대해 시간이 부족함을 스트레스로 삼지 말자. 한 달에 얼마 일 년에 얼마를 모으겠다는 계획을 자주 한다. 실천 불가능한 거대한 목표에 역시나 해내지 못함에 부정적인 생각을 하지 말자. 자주 뱉는 말 중에 부정적인 언어가 있는지 점검하자. 같은 뜻을 가진 긍정의 표현으로 바꿔보면 어떨까.

생각은 나에게 미치는 것으로 끝나지 않고 타인에게도 해당한다. 부정적인 생각에 사로잡힌 학생의 부모님과 통화를 하면 학생의 성향이 어른들에게 많은 영향을 받았음을 알 수 있다.

부정적인 생각을 지우려면 긍정적인 생각이 몇 배나 필요하다. 부정을 압도할 긍정의 자세가 필요하다.

하루에 일어나는 수많은 부정의 생각들을 내려놓는 훈련을 시작으로 부정을 긍정으로 받아들이는 생각과 표현력을 기르자. 긍정의 생각은 시작할 수 있는 용기를 만들고 용기를 통하여 행동할 수 있다.

chapter **3**

이제는 바뀌어야 한다

목표를 세우는 것은 왜 한 해의 시작인 1월이어야만 할까?
한 달의 시작, 새 학기의 시작, 방학의 시작,
무수히 많은 시작의 의미를 만들어
새로운 결심과 목표, 계획들을 세운다.
세우고 지키지 못하고 또 새로운 시작 일을 삼아
다시 반복하며 살아간다.
하고 싶은 일이라면 언제든 내가 시작하는 그날이
새로운 시작 일이 될 것이다.
그 어떤 의미 있는 날보다 오늘 지금이야말로
내가 살아갈 날의 가장 젊은 날이자
무엇을 시작하기에 부족함이 없는 날이다.

변화는 오직 행동으로
이뤄진다

하고 싶은 일과 해야 하는 일에 대한 고민이 있다. 왜 항상 하고 싶은 일이 그토록 재미가 있을까? 해야 하는 일을 제쳐둔 채 말이다. 동화책 만들기 프로그램을 진행하면서 영어 동화책을 만드는 일이 너무 하고 싶었다. 진행되고 있는 일의 업무가 이미 포화라 할 수 있는 여건이 되지 못했다. 잘하고 있는 일이나 지금 해야만 하는 일들에 비해 뒤처지고 있지만 늘 하고 싶다는 마음을 놓을 수 없었다. 영어로 동화책 만들기를 몇 번 시도해보니 그것의 목적이 영어교육에 있지 않고 즐겁게 체험하는 것에 있다 하더라도 모국어보다 무언가 뚜렷한 제시방법이 있어야 한다는 생각이 들었다.

2016년 초 영어 동화책을 만들 수 있는 교재를 만들어야겠다는 생각을 품고 생각만으로 수십 번도 모래성을 쌓았다 무너뜨렸다 하며 반년을 보냈다. 바쁜 일상을 살아가면서도 하고 싶은 생각은 떨쳐내지 못했고 도저히 생각만으로는 아무것도 진행될 수 없다는 결론을 냈다. 디자이너를 섭외하고 영어교육을 하는 전문가의 조언을 받아 교재를 덜컥 제작했다.

어설프고 부족하지만 아주 만족스러웠다. 시작을 할 수 있었기 때문이다. 머릿속 생각으로 유지했다면 절대로 할 수 없을 일들이 진행되었다. 제작된 교재로 수업을 진행해보면서 실질적인 피드백을 받을 수 있고 반영할 수 있었다. 느리지만 계속하여 수정 보안이 진행되고 있고 다음 과정을 생각할 수 있게 되었다. 꿈만 같던 일들을 실제의 내 것으로 만드는 것은 행동에 있다.

아들은 처음 하는 것에 유독 두려움이 많다. 누구나 새로운 것을 시도하는 것에는 두려움이 있기 마련이지만 아들은 특히 더 그런 성향을 가지고 있다.

사람, 장소, 도구 등 새롭게 시작하는 모든 것에 적응하는 시간이 많이 필요하다. 속상할 때도 많이 있지만 절대로 아이 앞에서는 내색하지 않도록 노력한다. 문제는 세상 사람들은 엄마인 나와 같은 노력을 할 이유가 없기에 쉽게 상처를 준다. 가장 많이 듣는 말이 "부끄러워?", "쑥스러움을 많이 타네." 경상도 말로 "머스마는 그라믄 안 된다." 그런 말들을 들을 때면 아이가 더 위축되는 것 같아 속상하지만 일일이 그 상대들에게 따질 수도 없는 노릇이다. 아들이 살아가는 세상에는 부모와 같이 맞춤 배려가 가능한 사람들만 만날 수 없고 일반적인 이러한 사람들과 살아야 하기에 결국 스스로 감당해야 할 것 같아 미리 하는 훈련이라 생각하기로 했다.

올해 유치원에 입학하여 학부모운영위원회를 모집한다는 공고를 받았다. 일도 바쁘지만 두 번 고민하지 않고 지원했다. 이유는 단 한 가지, 아들에게 한 번쯤 더 기회가 있을까 해서이다. 20명이 넘는 반 아이 중 적극적이고 뛰어난 아이와 아주 산만하고 별난 아이 이 두 부류에 해당하는 친구들에 비해 아들과 같이 적극적이지도 않으며 겁이 많아 규칙을 어길 줄도 모르는 아이는 관심의 대상에서 벗어나기 쉽다.

운영위원으로 선정되고 첫 회의를 다녀오던 날 남편과 통화를 하다가 나눈 이야기다. 남편이 웃으며 그러다가 아들 학교라도 가면 학생회장 시키는 거 아니냐는 말에 본인이 하고 싶다면 하게 둘 것이고 할 마음이 없다면 할 수 없는 것이라며 나는 어머니회장에 나갈 의사가 있다고 이야기했다. 그 말을 뱉는 순간 스스로 괜찮다는 생각을 했다.

부모는 저마다 자식에게 바라는 모습과 기대가 있다. 가족이 함께하는 프로젝트를 진행하다 보면 부모는 아이에게 적극적인 참여를 권유하며 등 떠밀 때가 많다. 정작 부모님께 참여를 요구하면 선뜻 나서는 모습은 드물다. 아이에게 하라고 권유할 것이 아니라 적극적으로 행동하는 모습을 보여주는 것이야말로 백 번의 말보다 아이를 변화하게 하는 좋은 계기가 된다.

커피를 좋아하나 체질상 맞지 않는 탓에 마시고 나면 항상 후회한다. 밤새 잠이 오지 않거나 커피의 종류에 따라서 마시면 마치 술에 취한 것 같은 느낌이 드는 때도 있다. 처음에는 좋아서 마시고는 이내 후회를 했다. 마시지 않겠다는 결심을 수없이 무너뜨렸다. 나중에는 스스로 선택하여 마시는 경우는 없었지만, 사람을 만나다가 거절을 못 해서 마시게 되는 경우가 많았다. 권하거나 이미 커피가 준비되어 나올 때는 차마 거절하지 못하고 하루에 여러 번 마시게 되는 날이면 너무도 후회스럽고 무엇보다 몸이 가장 힘들다.

매번 결심하고 스스로 지키지 못하는 어리석음이 한심했고 무언가 철저한 결단이 필요하다는 생각이 들었다. 어떤 상황에서도 마시지 않겠다는 마음을 행동으로 옮겼다. 권해오는 사람들에게 거절하는 법을 익혔다. 한 잔쯤 어떠냐고 별스럽게 생각하는 사람도 있었으나 막연한 생각만으로 거절했을 때의 상대방 입장이 어떨까 하는 염려는 별것이 아니었다.

다른 사람들은 생각만큼 나에게 관심이 없다. 한두 번 행동으로 옮기기 시작하고 그것이 처음에는 낯설게 느껴졌으나 반복되는 행동은 습관처럼 나에게 자리 잡았다. 나뿐 아니라 자주 보게 되는 사람들도 아예 인식하게 되는 것을 발견한다. 어떠한 변화는 철저히 행동으로 옮길 때만이 가능하다. 이제는 완벽히 자유롭게 되어 마시고 후회하거나 힘들어하는 일은 없다.

새로운 형태의 강의 요청은 수락하는 편이다. 오케이라고 외치고 그때부터 준비한다. 몇 배의 준비 시간이 들지만 힘들지 않다. 새로운 것을 해내면서 할 수 있는 내가 되는 것이 즐겁다. 준비하는 동안 여러 가지 주변 사항들을 보다 보면 몇 가지의 색다른 아이디어들도 보너스로 받게 된다. 감당하는 몫은 고스란히 나의 책임이지만 행동을 우선할 때 변화를 맛볼 수 있다. 변화를 받아들이는 것이 바로 성장이다.

김성오 대표가 전하는 경영 노하우를 담은 책《육일약국 갑시다》의 내용이다. 1980년대 중반 경상남도 마산의 변두리, 그것도 대한민국에서 가장 작은 4.5평 규모의 이름 없는 약국임에도 택시만 타면 "육일약국 갑시다."는 말을 했다. 변두리 동네이다 보니 큰 건물 같은 택시 포인트가 없어서 정확한 목적지를 설명하기 어려웠고 어차피 없는 택시 포인트인데 약국을 랜드마크로 만들어 보면 어떨까 하는 생각으로 시작했다. 처음에 창피하다는 생각도 들었지만, 용기 내어 "육일약국을 갑시다"라고 얘기한 후. 거기가 어디냐고 물으면 위치를 부연 설명한 것이다. 본인과 가족, 지인들에게도 부탁하여 1년 6개월이 지나자 기사님의 50% 정도가 육일약국을 알게 되었고 동네 주민들에게서도 "육일약국 갑시다"라는 소리가 제법 나왔다.

3년 정도 지난 후 마산도 아닌 창원에서 입버릇처럼 "육일약국으로 가자"고 하게 되었고 택시기사는 "마산, 창원에서 택시기사 한 달 하고 육일약국 모르면 간첩이라 안 합니꺼."라는 말을 듣게 되었다. 누가 시킨 일도 아니고 큰돈을 들인 것도 아니다. 아무리 좋은 아이디어라도 생각에 멈추면 '공상'에 불과하다. 하지만 몸을 움직이면 '행동'이 된다. 만일 머릿속으로 맴도는 '육일약국 갑시다'라는 말을 용기 내어 내뱉지 못했다면, 결과가 빨리 나오지 않는다고 6개월이나 1년만 하고 말았다면 일어나지 않았을 일이다.

마산에서 가장 유명한 약국 육일약국 이야기다. 내가 자란 지역에 위치한 약국 이야기라서 더욱이 흥미롭다. 크면서 보았던 육일약국은 우리 지역에서는 실제로 모르는 사람이 없었던 곳이다. 그가 전하는 대로 용기 내어 시작하는 작은 행동으로부터 말할 수 없는 변화가 일어난다.

출산 후 늘어진 뱃살로 고민이 많다. 운동을 시작해야지 하는 생각은 떠나질 않지만, 막상 마음처럼 시작하지 못한다. 시작하지 않기에 과정이 없고 그 과정을 통해 생기는 결과가 없다. 변화를 원할 때 항상 완성된 모습을 생각한다. 시작도 하지 않은 채 생각만으로 결과에 도달해 있을 때가 많다. 어떠한 일이든지 행동으로 옮기는 시작이 없이는 아무런 변화를 가질 수 없는 것은 너무도 당연한 결과다. 자신과 남에게 피해를 주는 일이 아니라면 못할 이유는 없다. 변화는 오직 행동으로 이루어진다.

이마에 피가 맺히면
글이 써진다?

글을 쓰려면 어떻게 해야 할까? 전문가들은 다양한 노하우를 전달한다. 백지를 마주하고 이마에 피가 맺힐 때까지 생각만 하면 글이 써진다는 말도 한다.

운영하는 교육원의 대표 프로그램은 '나도 작가! 나만의 책 출판하기'이다. 엄마 배 속에 0세부터 100세까지 쓸거리가 있거나 쓸 능력이 되는 사람만이 아닌 누구나 자신만의 이야기로 책을 만들 수 있도록 프로그램을 기획하고 수업을 통해 소장용 책을 출판한다. 문화예술교육이 지역, 나이, 비용 등에 따라 대상이 한정적인 것에 안타까움을 가지고 시작했다.

다른 글쓰기 프로그램과는 달리 예술적 측면으로 접근한 터라 어떠한 이야기나 형태 상관없이 각자만의 이야기를 책으로 담는 방식이다. 국문학이나 미술과 같이 관련 전공자들이 강사님으로 계시지만 수강생의 글과 삽화에 손대지 말 것, 그리고 활동을 할 때 철저히 대상에 대한 이해와 그들이 원하는 방식으로 제공될 것을 가장 강조한다. 과정을 통해 즐거움이 첫 번째이며, 즐거운 과정을 통해 꿈, 치유, 희망, 회복을 스스로 느끼게 하는 것이다.

그 반면에 강사의 역량에는 철저한 틀을 가지도록 권유한다. 기획하고 진행하며 글쓰기에 대한 깊이가 궁금해졌다. 관련 도서나 정보들을 찾고 알아가던 중에 무엇보다 써보는 것이 필요하다는 생각이 들었다. 그렇게 나는 지금 이 책을 이어나가고 있다. 알고 싶어 시작한 것이 삶의 큰 영향을 미쳤다. 일과 육아로 정신없이 보내는 일과 속에서 나를 바라볼 시간은 없었다. 여가에 많은 시간과 돈을 투자할 수 있는 여건이 되지 못한다.

앞서 말한 것과 같은 지치기 쉬운 삶에서 글을 쓰는 시간만큼은 철저히 나를 위한 생각에 집중할 수 있고 시간을 내어 어디를 가거나 돈 들일 필요도 없으며 용기와 희망을 바탕으로 한 위로를 조건 없이 받는다. 잘 쓸려고 하거나 무엇인가에 사로잡혀 생각으로만 그치는 것이 아니라 노트북을 열어 무조건 써나가는 순간이 글쓰기이다.

학창시절 글짓기를 해서 상을 받아본 적은 있으나 전공을 한 것도 아니고 사회에 나와서도 아웃풋이 명확한 활동에 관심이 많았다. 글쓰기를 통한 힐링은 독서로 이어졌다. 기존에 관심사나 자기계발 중심의 독서 위주에서 다양한 독서를 시도하게 했다. 지식을 쌓기 이전에 지혜로 생각을 열게 되면 전문지식이 더욱 폭발적인 작용을 한다는 것을 발견했다. 글을 쓰기 전에 여러 가지 구상을 할 수 있겠지만 정작 글로 표현이 되는 것은 생각으로 하는 것이 아니라 손이 쓰는 행동을 통해서 가능하다.

하던 일을 모두 정리하고 미국으로 갔고 출산을 했다. 젖먹이 아들과 함께 한국으로 돌아왔을 때 당장은 안 되는 줄 알면서도 여러 일을 구상하고 알아보았다. 결론은 같았다. 교육업을 하는 나에게 내 자식도 제대로 챙기지 못한 채 누군가에게 영향력을 준다는 것은 말이 안 된다고 늘 생각했기에 아들을 두고 과감하게 일을 시작하지 못했다. 아마 일을 하면서 아이를 낳았다면 계속 일을 유지했겠지만 새롭게 시작하는 것은 무리라고 판단했다.

13개월 모유수유 시간을 포함해서 2년 동안 아이와 시간을 보냈다. 진심으로 행복하다고 생각했지만 틈내어 듣던 강의 시간에 간단한 활동에도 당황스러울 정도로 아무 생각이 나지 않는 나의 모습을 볼 때 스트레스가 많았던 것을 알 수 있었다. 개인적인 생각이지만 지금도 육아보다 일을 더 쉽게 느낀다. 아이는 어느덧 어린이집에 가게 되었고 아이의 외조부모에게 양육의 도움을 받아 일을 시작하게 되었다.

문화예술교육을 하는 전문 인력이지만 사업으로 구상하고는 많은 어려움과 만났다. 당장에 사무실이 없어 사람들을 만날 때면 매번 장소를 정하는 어려움이 있었다. 새롭게 시작하는 일에 대한 신뢰를 주는 것이 기반이 되어야 하는 점에서 사무실이 없다는 것이 안정적이지 못했다. 일에 대한 자료를 가지고 다니며 안내를 해야 했고 어떤 달에는 커피숍에서 지출한 경비만 100만 원 가까이 나오는 일도 생겼다. 육아에서 서서히 사회생활을 시작하는 처지와 여건상 사무실에 과감히 투자하는 것도 불가능했고 사정에 맞는 것은 하나 마나 한 정도였다.

무엇이든 진심으로 즐기지 못하는 것은 지속성이 낮다. 즐거움을 방해하는 요소가 있다면 당장 할 수 없다고 해서 그대로 둬서는 안 된다. 고민하던 중에 수강했던 특강을 통해 어떠한 강사의 명함을 받았다. 명함의 사무실 주소가 개인의 공간이 아니라 지자체의 공간 속에 속하여 있는 형태를 발견했다. 이야기를 나누고 싶어 끝까지 자리하고 있는데 다른 분의 질문이 끝날 기미가 안 보였다. 아이를 마중 갈 시간이 다가와 나중에 전화하든지 해야겠다는 마음으로 자리에서 일어섰다.

퇴근은 제2의 출근이다. 아이를 픽업하고 이리저리 저녁 시간을 보내고 나니 전화를 할 수 있는 시간이 지나버렸고 다음날 하면 되지만 궁금해서 견딜 수가 없었다. 간절함 내지 절박감 있었던 것 같다. 다행히도 너무도 편리한 세상을 살아가고 있는 덕분에 밤새 인터넷 검색을 했다.

창업기업을 지원하는 정부, 지자체 소속 기관이 있다는 것을 알게 되고 여러 가지 지원이 있는데 그중에서도 사무공간의 지원을 하는 시스템이 있다는 것을 발견한다. 다음은 내가 있는 지역에서 가능한 곳이 어딘가, 모집 기간이나 절차, 지원방법과 필요조건 등을 정리하여 여러 가지 여건을 고려하여 문의처를 두 군데로 정했다. 밤새 뜬 눈으로 보내고 해당 기관의 근무 시작 시각에 맞추어 전화 문의를 했고 와보라는 소리에 바로 달려갔다.

그곳이 사업 초기에 내가 입주해서 사무공간과 부대시설을 사용했던 창원시 1인 창조기업 비즈니스센터이다. 구 마산시청 앞에 자리한 위치는 관공서와 편의시설이 근접하고 무엇보다 사람들이 찾기에 쉽고 교통편 또한 편하다. 사무공간은 물론이고 창원시에서 지원하는 기관이라 초기 사업자의 신뢰 부분에도 긍정적인 영향력을 미쳤다. 고민하던 부분이 다 해결된 셈이다. 불가능이 가능하게 되고 그로 인한 더 많은 보너스의 혜택들도 많이 받았다. 정보의 홍수시대다. 다양하게 여러 가지 정보를 접할 방법은 무수히 많지만, 행동으로 옮길 때 기회가 마련된다.

미국에 있을 때 경제적 지원을 받았던 것이 아니라 스스로 마련한 비용으로 생활하고 있었기에 시간이 갈수록 통장의 잔액은 줄고 있었다. 그렇다고 목적을 두고 마련한 시간을 돈을 위해 막연한 일을 할 수는 없다고 생각했다.

우리가 있었던 서부의 날씨는 너무도 좋고 웬만한 아파트에는 수영장이 있으며 남편은 수영을 너무도 좋아한다. 한국과는 달리 학원의 개념이 없고 개인을 통해 레슨을 한다는 점에서 남편의 수영레슨을 기획했다. 시장조사를 통해 비용과 일정의 기준을 정하고 커뮤니티를 통해 홍보했다.

얼마 지나지 않아 몇 군데에서 연락이 왔고 개인지도이기에 개별로 일정을 정해서 수강생의 집으로 가기도 하고 수강생이 와서 레슨을 하기도 했다. 어른도 있고 어린이도 있었다. 남편은 원래 가르치던 경험이 있었던 것은 아니지만 영어로 진행하는 레슨은 흥미가 있었다. 좋아하는 일을 통해 다양한 사람을 만나게 되고 대화를 통해 현지의 인맥을 쌓고 정보도 얻을 수 있었다. 물론 보수도 받았고 후에 그 인맥을 통해 다른 일을 제안받기도 했다.

계획하고 구상하는 것을 누구보다 좋아한다. 정작 삶에서 실천된 것을 보면 계획하고 구상한 일들보다 행동으로 옮긴 일이 대부분이다. 남다른 것이 없는 사람이다. 다만 남과 같은 생각을 미루지 않고 바로 실행에 옮기다 보면 조금은 특별한 선택이 될 때가 있다. 일의 시작이 어디서부터일까? 마음먹는 것부터라고 할 수 있고 생각에서 시작한다고 할 수도 있겠으나 일의 시작은 행동하는 순간부터이다. 마음가짐과 생각 속에서 하는 무수히 많은 일은 계획에 그치기 쉽고 많은 일 중에서 행동으로 옮긴 것만이 시작이라고 할 수 있다. 계획은 늘 완벽하지 않다. 행동에 옮겨보면 부족하고 필요한 부분이 생기기 마련이다. 실행하면서 수정 보안이 가능하다. 글쓰기를 원하면 글을 쓰는 것이 시작이다. 원하는 것이 있다면 실행에 옮기는 시작을 해보기를 바란다.

생각만으로 바뀔 수 있는 것은
아무것도 없다

교육원에서 진행하는 전문가양성과정을 통해 교육을 받은 수강생들에게 포트폴리오 제작의 과제를 준다. 50일의 기간으로 정해져 있지만, 제출에 성공하는 사람들은 보통 보름 안으로 과제를 마무리하여 보내온다. 50일이라는 기간은 크게 의미가 없는 셈이다. 일자를 지키지 못한 사람들은 대게 연락을 머뭇거리거나 여러 핑계를 댄다. 일하는 데 있어 정해진 기간은 중요한데 보통은 사람들이 그 기간을 일 처리의 소요시간보다 훨씬 여유 있게 잡는다. 실제 집중해서 핵심적인 부분에 쓰이는 시간은 더 작기 마련이다. 일의 기간을 집중해서 처리할 수 있는 만큼으로 정하고 생각을 실행에 빠르게 옮기는 습관을 기르면 어떨까?

미국 서부 캘리포니아에 거주하면서 여행을 갔다. 오랜 계획을 하고 떠난 것이 아니고 대략적인 스케줄을 잡고 떠나게 되었다. 막상 여행하면서 매일 숙소에 들어와 다음날 일정을 의논하여 체크하고 그에 따라 움직여도 충분했다. 그랜드 캐니언이나 라스베이거스를 갈 때도 그렇게 10시간을 직진하여 운전해야 하는지도 모른 채 여행은 시작되었다. 아예 즉흥적으로 떠난 곳들도 있다. 여행마다 워낙 다른 멋을 가진 곳들이라 각기 다른 감동과 추억을 쌓았다. 깨달음도 많았다.

반면 오랫동안 구상하고 계획하고 다이어리에 메모했던 버킷리스트의 몇 군데 일정은 끝내 가보지 못했다. 어떤 일을 할지 무엇을 먹을지 심지어 어떤 포즈로 사진을 찍을지도 생각했는데 결국 가지 못했다. 아직도 아쉬움이 남는다. 간 곳과 못 간 곳을 비교했을 때 굳이 못 간 이유와 갈 수 있었던 것에 대한 큰 이유는 없다. 행동을 시작으로 보기 때문에 비행기를 예약하는 것과 같은 실행에 옮기기 위한 행동을 했는지 안 했는지의 차이에 있다.

미국에서 신혼생활을 하던 중에 아이를 가져야겠다는 생각이 들었다. 아주 단순히 미국에서 낳을 수 있다면 낳고 여건이 허락지 않는다면 한국에 가서 낳으면 되겠다고 결정했다. 우리의 바람대로 감사하게도 바로 임신을 했다. 임신 사실도 아주 빠르게 알았다. 출산경험도 없었고 미국에서 병원 경험을 비롯하여 아무것도 모른 채 새로운 삶이 시작되었다.

아는 만큼 보인다 하지 않던가. 알려고 기를 쓰니 다 알게 되더라. 뭐든지 부딪혀서 해결할 수밖에 없었다. 보험이 되지 않으면 부담일 수밖에 없는 병원비를 해결하기 위해 우리와 같이 학업을 위해 장기로 거주하고 있는 사람을 위한 지원을 알게 되었고 그것을 통과하기 위해 여러 과정과 수고가 있었다. 물론 감사한 분들의 도움도 많이 받았다.

인터뷰를 가서 장시간 대기했던 것이 아직도 기억난다. 사소한 말실수도 혹여나 영향을 줄까 봐 진지하게 인터뷰에 임했다. 지원을 받을 수 있게 허가를 받았고 병원 진료뿐 아니라 임산부를 위한 교육지원도 받았다. 평소에 워낙 성격이 꼼꼼하고 철저한 편이라 여러 상황 속에서 제대로 처리가 된 것인지 의심스러울 때도 있었다.

임신과 육아가 한국과 다른 부분들이 많이 있어서 이해가 늦거나 흥미롭기도 했다. 아들을 배에 품은 열 달 동안 긴장의 연속이었지만 하루하루가 도전이었고 매 순간 감사했다.

미국에서 결혼생활을 하고 있으니 재벌과 결혼을 했냐는 동창의 연락을 받기도 하고 같이 공부하는 동생도 남편이 아주 부자인 줄 알았다는 말도 했다. 한국에 와서는 아이의 이중국적 소지에 관해 관심을 받거나 부러움을 살 때가 종종 있다. 무엇이 이렇게 만들었을까? 돈이 필요한 것은 사실이다. 어떠한 선택을 하는 데 있어 중요한 역할을 하는 것도 부정할 수 없다. 다른 경험을 위해 필요한 절대적 요소는 아니라는 것을 말하고 싶다. 행동에는 반드시 뒤따르는 책임이 있기 마련이다. 최대한의 보호 장치를 준비하고 시작하기에는 필요한 것들이 많아서 쉽게 실행에 옮기기 힘들다. 최소한의 대책으로 시작하고 준비해도 괜찮은 경험들이 채워진다.

연애 시절부터 여행 다니는 것을 좋아하고 사진 찍는 것도 좋아해서 엄청난 양의 사진들이 있다. 평소에 무엇을 잘 버리지 못하는 성격은 사진 정리에도 그대로 해당이 된다. 남이 보면 다 똑같은 사진일지라도 이건 표정이, 어떤 건 색감이, 또 다른 건 포즈가 맘에 들어서 정리를 하지 못한다. 그것이 쌓이다 보니 이제 그 양이 너무 엄청나서 한번 보지도 못하는 상황이 되었다. 아이의 사진까지 더해져서 정리되지 않은 사진은 어마어마해졌다. 오래전부터 늘 정리를 해야겠다는 생각은 실천하지 못하고 있다. 무엇을 하면 완벽히 하고 싶은 생각은 사소한 시작을 방해한다. 정리도 하면 제대로 해야 한다는 생각이 지배적이라서 시작을 하지 못한다. 다행인 것은 이제는 하루하루 사진을 정리하는 것을 습관화하였고 더는 미루거나 쌓아두지 않는다.

작년에 모치즈키 도시타카가 지은 《당신의 소중한 꿈을 이루는 보물지도》라는 책을 읽고 나만의 보물 지도를 만들기로 했다. 꿈을 시각화하여 이룰 수 있게 된다는 내용인데 공감이 가는 부분이 많아서 하고 싶다는 생각만 가지고 있지 몇 달째 실행에 옮기지 못하고 있다.

아무리 인정되는 이야기도 생각에 그친다면 나에게 아무런 영향을 끼칠 수 없다. 하지 않으면 과감히 생각이라도 지우면 되는데 반드시 해야 할 건 심지어 마음조차 불편하게 한다. 당장 시작하기 위해 준비물을 꺼내 두었다. 더는 생각으로 끝나서 나중에 후회하는 삶을 살고 싶지 않다.

도요다 게이치 저서《생각과 행동 사이》에서는 이렇게 말한다.

아무리 좋은 계획서를 만들어도 실행하지 않으면 종잇조각에 불과하다. 누구에게 보여줘도 감탄하는 완벽하고 훌륭한 계획서를 만드는 사람이 있다.

그러나 사업의 목적은 사업계획서를 완벽하게 작성하는 것이 아니라 사업을 성공으로 이끌어내는 것이다. 상황은 끊임없이 변화한다. 계획을 변경하거나 수정하는 것은 흔히 있는 일이다. 계획서를 완벽하게 작성하는 일도 중요하지만 그 이상으로 중요한 것은 실행이다. 실행하면서 변경이나 수정이 필요할 경우 유연하게 대처한다. 어떤 일이든 계획대로 이루어지는 경우는 거의 없기에, 계획이 완벽하지 않아도 괜찮다. 꼭 필요한 부분만 계획을 세우고 실행에 옮긴다. 실행하면서 동시에 계획을 검증한다. 변경해야 하거나 보완해야 할 부분이 생기면 즉각 반영한다. 완벽한 계획을 세운답시고 시간을 낭비하기보다 대강의 골격만 세우고 행동으로 옮기는 편이 한시라도 빨리 목표를 달성하는 비결이다. 도중에 변경하거나 수정하는 것을 전제로 실행 가능한 계획을 세우고 그 계획을 즉시 행동으로 옮기면 좋은 성과를 낼 수 있다.

달인이 등장하는 프로그램들을 보면 어떠한 한 분야에 오랫동안 종사한 사람들이 많다. 일은 하면 할수록 능숙해지고 많이 해본 사람이 잘한다. 빠른 실행은 많은 일을 할 수 있다. 생각 속에서 하는 실패는 추측일 뿐이다. 생각 속에서 하는 성공은 허구일 뿐이다. 일어나서 세수하는 일같이 처음에는 어렵고 힘들지만, 습관화되면 아무것도 아닌 것처럼 생각과 행동의 관계를 좁히는 훈련을 몸이 익숙할 때까지 해보는 것이 중요하다. 즉시 실행하기를 습관화해야 한다. 실행을 통한 경험은 나를 변화시키는 힘이다.

하늘을 봐야
별을 딴다

　교육원 일을 처음 시작할 때다. 기존의 하던 일과 활동 내용도 달라졌지만 가장 큰 변화는 학원과 같이 기관이 있고 수강대상들이 와서 하는 수업의 형태가 아닌 강사가 가서 하는 교육 활동이다. 가서 하려면 당연히 갈 곳이 있어야 활동이 이루어진다. 처음 한 일은 DM 발송도 아니고 전화도 아니고 SNS와 같은 활동도 아니었다. 무조건 방문이었다.

　학교, 도서관, 문화시설, 관공서 등 어떻게 했을까 싶을 만큼 많이 다녔다. 가는 곳마다 이야기를 다 들어주거나 계약이 될 것이라는 마음이 아니라 어떻게든 이것을 소개하고 알려야겠다는 마음뿐이었다. 그 이후 일어나는 일에 대해서는 생각해 보지 않았다. 했던 말을 하고 또 하고 반복했다. 하다 보니 더욱 선명히 정리되는 것들도 있었다. 담당자를 만나면서 질문을 받다 보니 더욱 준비하게 되었다. 일할 때의 마음가짐은 상대방이 어떻게 하든지 상관없다. 상대방을 무시하거나 외면한다는 뜻이 아니라 우선 나의 목적에 의해 철저히 최선을 다하겠다는 것이다. 상대방의 방식이나 결과에 크게 개의치 않는다.

다니다 보면 가끔 잡상인 취급을 받을 때도 있다. 카드를 발급받을 일이 없을 때 이야기를 걸어오는 카드사 직원의 권유는 들리지도 않다가 내가 필요할 때 누군가 말을 걸어오면 경청하게 된다. 바쁜 일상 중에 한 사람을 더 만나서 이야기를 들어보는 것은 대부분은 불편한 상황일 수 있다.

내가 만난 한 기관 담당자도 실제로 4번까지 찾아갔던 기관이 있는데 처음에는 잡상인, 두 번째에는 형식적인 대우를 거쳐, 최종은 상대측에서 요청으로 미팅이 이루어졌고 마침내 차를 대접받으면서 이야기를 나누었다. 최초 방문했을 때 아무런 반응이 없다고 해서 실망할 필요가 없다. 우리 프로그램의 존재를 알렸으며 그것이 필요한 때가 되면 생각이 나기 마련이다.

기관을 방문할 때 사전약속을 하는 것이 더 맞는 대상도 있지만, 개인적으로는 약속 없이 방문하는 편이다. 전화해서 약속하게 되면 안정적인 만남이 될 수는 있지만, 당시 지방에서는 진행되지 않던 생소한 프로그램이었기에 전화로는 설명이 부족하다고 생각했다. 약속을 잡지 못하면 한번 가서 보여줄 기회가 아예 차단되기 때문에 가서 헛걸음하더라도 그냥 방문하곤 했다. 4번 갔었던 기관에는 처음에 갔을 때 도통 시원찮은 반응이라서 수업 샘플 책을 주면서 한번 시간될 때 살펴보라고 하고 나왔다. 다음에 한 번 더 전화하거나 방문을 할 기회를 받은 셈이다. 두 번째 갔을 때 그냥이라면 지난번에 불편했는데 왜 또 왔는지 이해를 못 할 수도 있지만, 지난번에 드렸던 책을 받으려고 왔다고 이야기를 전하며 내가 올 수밖에 없는 이유를 가진 셈이다. 예상대로 담당자는 건네준 책을 검토해 보지 않았으며 심지어 어디에 뒀는지 모르는 상황이 되어 역으로 미안함을 느끼는 상태가 되었다. 책을 찾아 그렇게 3번을 방문하게 되었고 마지막으로 본인이 프로그램을 기획하는 필요한 상황이 되어 방문을 요청했을 때에는 마치 다른 사람인 줄 착각이 들 만큼 상냥한 모습으로 차를 대접받았다. 수없는 방문을 통해 심지어 1년이 지난 후에 계약이 되는 경우도 있었다.

무조건 방문하여 보여주고 알리는 방식을 시작한 지 1년이 채 되지 않아 더 무작정 방문하는 일은 하지 않았다. 정확히 말하면 시간적 여유가 없게 되었다. 그 시간을 바탕으로 거래처가 형성되고 담당자들이 이동하게 되면 다시 찾거나 소개만으로도 계약이 이어졌다. 물론 박람회 참여나 홈페이지, 다양한 지원사업들의 운영으로 언론보도 등 다른 마케팅은 꾸준히 진행하고 있다. 한 번씩 나를 다 알고 전화를 주거나 만났는데 생각지 못할 만큼 반가워하시는 분들을 볼 때면 황송하기까지 하다. 존칭을 쓰며 대접받는 것이 아직은 어색할 때도 많다. 아직도 차 트렁크에는 언제라도 전해줄 수 있도록 교육원 리플릿과 샘플자료, 기획안 및 제안서들이 실려 있다. 기회는 오는 것이 아니라 찾는 것이다.

자서전 쓰기 프로그램을 기획하고 진행하면서 생각지 못한 여러 난관 중에서도 단연 어려운 문제가 있었다. 수강생 모집이다. 이미 모집된 수강생이 정원에 부족하기도 했고 고령인 데다가 여러 가지 이유로 결석이 많아서 추가 인원모집이 필요한 상황이었다. 사업이 진행되는 장소가 도심에서 약간 벗어난 터라 활발하게 활동을 하실 수 있는 노령인구가 한정적이었고 그마저도 처음에는 어디에 가야 만날 수 있을지 몰랐다.

기존 참석자들이 해주시는 구두상의 설명과 인터넷 검색을 통해 마을에 있는 경로당과 마을회관의 위치를 파악했다. 간식을 사고 동선을 정해서 방문하기 시작했다. 시간대에 따라 아무도 안 계시기도 했고 계셔서 반가운 마음에 말씀을 드리면 이런 것 할 시간이 없다고 좋게 거절하시기도, 때로는 딱 잘라 들으려 하지 않으시는 곳도 있었다. 포기할 수 없었다. 어른들을 만나면서 더욱이 문화예술교육 활동의 필요성에 대해 마음이 커졌기 때문이다. 본인이 주체가 되어 살아보지 못했던 치열한 삶, 이제는 할 수 있어도 무엇인지 알아보기도 전에 막연히 스스로 할 수 없는 사람에 익숙해져 있었다. 안타까웠다.

인근에 있는 노인 관련된 기관이란 곳은 다 검토하며 노인대학이 있다는 것을 알게 되었다. 바로 전화를 걸어 확인해보니 생각보다 많은 50명 이상의 인원이 모인다고 한다. 한두 분씩 많아도 5명 전후의 인원들을 만나며 이야기 나누던 것에 비하면 기회였다. 관계자에게 취지를 밝히고 방문홍보를 허락받았다. 그 주에 야유회를 간다고 해서 일주일을 기다려서 방문했던 게 아직도 정확히 기억난다. 일찍 도착해서 노인대학 수업을 듣기도 했다. 시간이 되어 안내장을 돌리고 수업 소개를 했다. 아주 생소할 수 있는 수업이라 과연 짧은 시간 동안 이해는 되셨을까 하는 생각과 함께 자리를 떠났다. 나중에는 수업하는 동네에 지나가는 분 연락처를 받기도 했다. 그렇게 시간이 없어 절대로 할 사람 없다고 손사래를 치시던 어머니도 참석하셨고 노인대학에서 참여하셨던 한 분은 매주 친구를 한 분씩 데려오셨고 길가다가 연락처를 주고받았던 87세 어머니도 함께하게 되었다.

수업이 있는 전날은 매번 전화를 드렸고 수업 아침마다 문자 연락도 잊지 않았다. 수업 안내 전화 이전에는 자식들에게 일이 있을 때라야 전화벨이 울렸다. 사소한 안부를 묻는 것 또한 수업의 한 부분이라고 생각했기 때문에 자주 전화를 드렸다. 감히 그분들의 삶을 헤아릴 수 없지만 마음으로 다가가려 했던 노력이 어르신들의 마음을 노크할 수 있었던 힘이 되었다. 하는 일이 부족한 부분이 있을 때 누구나 해결책을 찾기 위해 고민을 한다. 많은 생각으로 대안을 모색하지만 정작 일의 변화를 줄 수 있는 것은 행동에 있다. 말씀드려서 안 한다고 하여 찾아가는 것을 그만했거나 전화를 뭐 하려 하냐고 했을 때 하지 않았다면 아무런 변화도 없었을 것이다. 나 하나로 세상을 바꿀 수는 없어도 적어도 내가 만나는 수강대상들만큼은 다르게 한다는 마음을 가지고 있다.

'모소 대나무'는 중국의 극동지방에서만 자라는 희귀종이다. 그 지방의 농부들은 여기저기 씨앗을 뿌려놓고 매일같이 정성 들여 키운다. 씨앗에서 싹이 움트고 농부들은 수년 동안 온 정성을 다하지만 모소 대나무는 4년이 지나도 불과 3cm밖에 자라지 못한다. 타지방 사람들은 이 모습을 보면 도무지 이해하지 못하고 고개를 젓는다. 하지만 이 대나무는 5년째 되는 날부터 하루에 무려 30cm가 넘게 자라기 시작한다. 그렇게 6주 만에 15m 이상 자라게 되고 그 자리는 순식간에 빽빽하고 울창한 대나무 숲이 된다. 4년 동안 단 3cm의 성장에 불과했던 모소 대나무는 5년 후부터 그야말로 폭발적인 성장을 하게 되는 것이다. 6주 만에 놀라운 일이 벌어진 것 같지만, 그 전 4년 동안 모소 대나무는 땅속에 수백m에 이르는 뿌리를 뻗치고 있었다. 사소한 행동 하나하나는 때로는 우습게 보이고 아무것도 아니라고 여기기 쉽다. 당장 눈에 띄는 성과가 보이지 않는다고 해서 가볍게 여기거나 성장하지 않는다고 단정하지 말자. 작은 실천들이 모여서 때가 되면 원하는 위치에 다다를 것이다.

결과에 대한
고민은 접어두라

100m 달리기와 마라톤을 할 때는 각기 다른 전략을 가지고 임한다. 시작을 어떻게 하는지 과정을 잘 운영하고 마무리를 어떻게 하는지에 따른 결과가 결정된다. 결과는 결과로만 존재하는 것이 아니라 시작과 과정 마무리, 전체의 과정을 통해서 결과가 정해진다. 시작이나 과정 없이 결과는 존재하지 않는다. 생각에 그쳐서 존재하지 않는 결과에 대한 고민은 잠시 내려놓자.

학창시절을 돌이켜 보면 늘 충분한 용돈이 있었고 하고 싶은 것 갖고 싶은 것에 관해 크게 고민 해 본 적은 없다. 미대 입시를 시작하면서 알게 된 친구는 미술학원에 계속 다닐까 말까 고민하고 있었다. 고등학교 체육복을 입고 학교 벤치에서 나누었던 이야기는 아직도 기억에 남아있다. 친구는 학원에 다니고 싶은데 고민이 많이 된다고 했다. 다니고 싶으면 다니면 되는데 뭐가 고민이 되는지 이해되지 않았다. 친구는 집안 형편이 평범하고 자기가 장녀라서 쉽게 결정할 수 있는 문제가 아니라고 했다. 하고 싶은 것에 관해 고민하는 것이 그 당시 나는 잘 이해되지 않았다. 고민이 많던 친구는 매 순간 처한 환경에서도 결과보다는 꿈을 향해 도전했고, 현재 저명한 회사의 디자이너가 되었다. 취직 후에도 원하던 학업을 이어갔다.

대학교를 졸업하고 하고 싶은 것을 못할 수 있다는 것이 어떤 것이라는 것을 이해하게 되었을 때 비로소 나는 현실적인 단기 목표를 세우기 시작했다. 학원을 차리기로 마음을 먹고 필요한 것을 준비하는 과정에서 뜬구름 잡는 근사한 계획이 아니라 하루하루 실천에 집중했다. 수업에 필요한 자료, 강사로서의 역량, 책임자로서의 관리, 홍보의 수단, 수강생과 학부모 상담 등 모든 업무를 직접 하면서 경험으로 익혔다. 하루의 계획과 한 달의 목표를 이루고자 철저히 노력했고 새로운 달을 계획할 때 출석부에 새로 등록할 학생들을 위한 칸들을 비워두었는데 그것이 매달 신기할 만큼 채워지고 있었다. 실제 교습하는 시간은 짧았으나 주말을 포함해 일하는 시간은 상당했다. 다만 스스로 즐거웠기에 많은 시간을 쏟아도 힘들지 않았다.

첫 수업을 앞둔 강사님이 조언을 얻고자 찾아왔다. 어김없이 제일 첫 번째로 해주는 말은 아이들과 어떤 것을 하려고 하거나 가르치지 말 것을 당부했다. 아이들과 무엇을 하려고 가르치려는 사람에게 그 것을 하지 말기를 부탁드리는 아이러니한 상황이다. 마음을 열고 서로의 신뢰를 쌓는 것을 우선 되어야 한다. 강사는 아이들의 생각을 듣고 의견을 나누고 함께 방향을 찾고 이끌어 주는 역할이다.

학습의 과정에 있는 아이들은 그것이 무엇이건 가르치려고 할 때 지루함을 느낀다. 즐거운 현장이 되지 못하는 것 중에 큰 이유가 목적에 맞는 결과를 맺기 위함에 있다. 확신하건대, 과정이 즐거우면 어떠한 것이 되었든 결과는 있다.

책 만들기는 즐겁게 수업을 하고 나면 저마다에게 맞는 책이 만들어진다. 수강생들에게 책을 만들기 위한 수업을 하지 말라는 거다. 처음에 갸우뚱하던 반응들도 실제로 수업을 하고 나면 절대적으로 공감을 한다. 강사가 결과를 위해 손을 대거나 적극적인 개입을 한 작품보다 과정에서 스스로 즐거서 마무리된 책이 훨씬 더 아름답다.

5살이 된 아들은 이제 제법 본인의 의사를 정확하게 표현하고 이야기를 나눌 수 있을 만큼 성장했다. 엄마는 시나리오 작가다. 물건을 고를 때 아이에게 선택권을 주는 듯하지만, 엄마가 원하는 방향으로 유도를 한다. 이미 시나리오를 가지고 있다. 엄마는 아이를 가르치는 선생님이 되기도 하고 질서를 판단하는 경찰관이 되기도 한다. 대화할 때 나도 모르게 무수히 많은 질문을 하는 내 모습을 발견했다. 특히 유치원을 다녀오면 관심과 사랑이라는 이유로 오늘 괴롭힌 친구는 없는지, 선생님께 혼이 나지는 않았는지, 밥은 잘 먹었는지 아이가 대답할 충분한 시간도 주지 않는다. 온종일 엄마 품이 그리웠을 아이, 그저 꼭 안아주고 오늘 하루도 애썼다는 사랑한다는 말을 더 기다렸을지 모른다.

많은 엄마가 자식들과 대화를 하고 싶은데 할 수 없음에 안타까운 마음을 가지는 경우가 많다. 잘 돌이켜볼 필요가 있는 것은 대화와 질문은 다르다는 것을 인식해야 한다. 어느 순간부터 아이는 '몰라'로 대답을 일관했다. 사람을 대하고 사귀는 것도 일정의 방법이 있듯이 자식이라고 해서 열외는 없다. 아이가 유치원에 다녀오면 오늘 엄마가 있었던 일들을 먼저 말해준다. 엄마가 먹은 것을 말해주었다. 이때 아이가 관심을 보이거나 보이지 않거나 신경 쓰지 말고 또 엄마는 이러했으니 너도 말해보라는 질문도 필요 없다. 그저 내 이야기를 들려준다.

그렇게 이야기를 시도한 지 얼마 지나지 않아 아들이 반응을 보이기 시작했다. "어, 나도 김치 나왔는데. 엄마랑 똑같네." 이렇게 이야기를 시작한다. 자연스레 대화를 주고받을 수 있게 되었다. 한 강사님이 해준 이야기인데 공감이 갔다. 엄마만 하라는 것이다. 본인이 교육업에 종사하다 보니 엄마와 선생님 역할 둘 다 하려고 했다는 이야기를 들려주었다. 아이를 양육하면서 너무 많은 결과를 예상하고 걱정한다. 이미 결과를 정해두기도 한다. 아직 5년의 경험이지만 뜻대로 되지 않은 것 중에 자식만 한 것이 없다는 생각이 든다.

큰 그림을 그리라고 한다. 그림을 그릴 때 구상을 하고 구도를 잡고 나면 크고 중심되는 덩어리부터 선명하게 그려나가기 시작해야 한다. 큰 그림만 반복하여 그리고 있지 않은지. 일하거나 새로운 것을 시작하는 도전을 할 때 으레 결과부터 생각한다. 현재의 내 모습으로 결과를 생각하며 주저하기도 망설이기도 하겠지만 지금의 나와 무엇인가를 이루었을 때 결과를 만났을 때의 내 모습과는 다르다는 것을 알아야 한다.

결과에 도달하는 방법은 무수히 많다. 과정에서 헤매기도 하고 시련을 겪기도 하겠지만 극복하는 방법 또한 배우게 된다. 어느새 성장한 나를 만나게 되고 해내고 있는 모습을 발견하게 된다. 하루의 실천 한 달의 성과, 눈앞에 보이는 정확한 실행이 만족스러운 결과를 도출하게 된다. 때로는 실패라는 혹독한 관문을 거치기도 하지만 반드시 도착한다.

컴퓨터로 세무 관련 업무가 가능한 홈택스 사이트 가입을 하고도 한동안 내내 세무서에 직접 가서 처리했다. 처음 사용해 보기 전에 자주 하던 업무가 아니라 막연히 어렵고 골치 아플 것 같았기 때문이다. 어느 날 한번 이용해보니 내가 생각하던 만큼 어려울 것이 하나 없었다. 결과부터 생각하면 거창하거나 혹은 너무 별것이 아니라서 시작하기 어려울 수 있다. 단기 계획을 세우고 작은 실행을 통한 명확한 피드백을 통해서 다음 단계로 진행이 가능하게 된다. 멀리 있는 막연한 계획에 치우치지 말고 오늘의 실천을 통한 자신감과 행복을 느껴보자.

시간은
기다려주지 않는다

초등학교 시절 방학을 앞두고 꼭 하는 일이 있었다. 생활계획표 만들기이다. 어김없이 동그란 표에 칸을 나누고 빠지지 않고 기상시간, 식사시간, 숙제시간, 일기 쓰는 시간을 쓰곤 했다. 그대로라면 방학 숙제가 미뤄질 수가 없는데 항상 개학 전이면 바쁘게 일기를 몰아쓰고 숙제를 하던 기억이 난다. 왜 그랬을까? 여러 가지 이유 중에서도 흘러가고 있는 시간의 가치를 잘 알지 못해서 하루의 일과를 제대로 실행하지 못했기 때문이다.

대학 시절 친구들과 강원도로 기차여행을 떠난 적이 있다. 학생이었던 당시만 해도 아침잠이 많고 시간을 철저히 지키는 조직 내 생활을 하는 것도 아니어서 약속 시각에 대한 개념이 철저하지 못했다.

그런 나에게 새벽 첫 기차로 떠나는 여행은 부담이었다. 내일을 위해 일찍 잠자리에 들어야 한다는 부담에 오히려 잠이 오지 않았고 새벽까지 뒤척이다 겨우 잠들었다. 일어나니 준비할 시간이 턱없이 부족했다. 서둘러 짐을 가지고 역까지 가는 길에도 친구들의 전화는 계속 이어졌다. 이제 벌써 기차가 도착했다는 마지막 통화를 끝으로 차를 내려서 짐을 가지고 뛰기 시작했다. 절대 기다려 줄 리 없는 대중교통의 특성상 출발이 시작될 무렵의 기차를 친구들의 도움으로 겨우 탑승했다. 이렇게 절대 할 수 없다면 정말 긴장을 하고 지키려고 애쓰고 노력하게 된다. 살면서 나 스스로와 타인과 무수히 많은 시간의 약속을 하지만 이런 절대적인 잣대를 가지기가 쉽지가 않다. 시간이 지나고 있음을 얼마나 의식하며 살까?

어린이집을 졸업하고 유치원에 가는 아들을 보면 언제 이렇게 컸나 싶을 때가 참 많다. 어느새 부모가 하는 이야기를 이해하고 대화에 참여하는가 하면, 상황에 맞는 표현으로 대답을 하고 다른 곳 다른 사람과 나눈 이야기나 상황에 대해서도 정확하게 전달하며 그에 따른 본인의 생각 또한 알린다. 금방 더 훌쩍 커버릴 것만 같아서 시간이 가는 것이 아깝다. 눈에 보이지 않는 시간이지만 아이가 크는 것을 보니 시간이 가고 있음을 느낀다.

저축에 대한 관리를 잘하는 편이 아니다. 좋은 정보도 많이 있는데 관심도가 낮다 보니 등한시되기 일쑤였다. 고정적이지 못하고 어쩌다 마음먹으면 시작했다가 또 필요하면 찾아 쓰기도 하고 체계적이지 못했다. 사소한 노력은 너무 작아서 필요성을 느끼지 못하고 늘 거창한 목표들로 시작했다가 마무리하지 못했다. 지속성에도 훈련이 필요하다.

매일의 꾸준함은 모여서 마침내 목표에 도달하게 된다. 아무리 좋은 계획이라도 잘 하고자 하는 마음만 크고 시작하지 못하는 경우가 많다. 시작을 했다 하더라도 버거워서 중단할 수밖에 없다면 또다시 제자리걸음이 되고 만다.

지금은 매일 저축을 실천하고 있다. 아주 가벼운 금액으로 시작해서 조금씩 올리며 매일 실천을 목표로 한다. 이체를 통해 사용하지 않는 계좌에 입금을 매일 시간을 정해서 하는 방식이다. 처음 시작을 매일 2000원으로 해서 아침에 정해진 시간에 꾸준히 실천했다. 2000원을 모아서 뭐가 되겠냐고 생각하기 쉽지만 반대로 없어도 되는 금액으로 실천하니 전혀 거부감이 없었다. 목표의 설정을 결과에만 치우치지 않고 실행 가능성과 지속성에 중심을 두었다. 매일의 시간은 누구에게나 흐른다. 매일의 실천을 목표로 하고 실행하고 있는 지금 거창한 계획들로 실패하기 일쑤였던 저축의 습관을 기르게 되었다. 실천은 조금 더 큰 계획들을 세울 수 있는 계기가 되고 습관화된 지속성으로 끈기 있게 유지할 수 있는 자신감을 가지게 한다.

매일의 실천을 체크하기 위한 리스트를 만들었다. 매번 반복해서 계획하고 실천하지 못하는 그것들에 대해 분석을 하고 나에게 맞는 계획들을 설계하는 법부터 익혀야 한다. 항상 실천하고자 계획하는 사소한 것 중 지켜지지 않는 것을 위주로 만든 매일의 실천사항을 체크할 수 있는 표이다. 날마다 체크할 수 있는 칸을 만든 한 달 분량의 리스트를 다이어리 한 페이지에 붙일 수 있는 크기로 만들었다.

체크를 한다고 생각하니 조금 더 실행에 옮기기 위한 노력을 하게 되었고 실천하지 못하는 이유에 대해서도 생각하게 되었다. 한 달이 지나니 표의 분석을 통해서 주중 계획과 주말 계획이 달라야겠다는 점과 횟수를 줄이거나 늘리는 것에 대한 일들 그리고 추가 항목과 과감히 제외될 항목도 발견하게 되었다.

재설계된 리스트를 다시 이달의 매일 체크 사항으로 정하고 실행에 옮긴다. 몸에 배서 의식하지 않아도 잘 하게 될 때까지 계속해서 유지할 생각이다.

실행에 옮길 때 잣대는 매우 중요하다. 세상의 기준이나 어느 부러움의 대상, 남의 모습이 아닌 철저히 나에게 맞는 잣대를 발견하고 그것을 바탕으로 세우는 계획이 필요하다. 하루 실천 체크리스트는 나만의 잣대를 발견할 수 있는 중요한 근거가 된다.

불공평하다고 느끼는 일은 참 많다. 세상에 많은 불공평함 중에 공평한 것이 있다. 우리에게 주어지는 하루의 시간이다. 시간은 공평하다. 모두에게 하루에 24시간 똑같이 주어진다. 그 시간을 어떻게 보내는지는 각자 선택의 몫이다. 특히 하루의 시간 매일의 실천에 관해 이야기하는 것은 주어진 24시간의 사용에 따른 결과는 사소하게 넘길 수 없다는 점이다. 하루를 어떻게 보내느냐에 따라 그 차이는 점점 더 걷잡을 수 없게 된다. 제대로 보내지 못한 하루는 별것이 아니다. 처음에는 밀린 계획들을 해보고자 하지만 부족한 만큼을 채우고자 무리를 하게 되고 결국 지속할 수 없고 일정 기간이 지나면 포기하게 된다. 결국 사소한 하루가 모여 만족스럽지 못한 한 달, 한 해가 된다. 공평하게 주어진 만큼 공평하게 가져간다. 누구에게 사정이 있다고 하여 기다려주지 않는 것이 시간이다. 아무리 유지하고 싶다 해도 절대로 할 수 없다.

잘 살아가는 것은 돌이킬 수 없는 시간을 얼마나 후회 없이 사용하는가와 같은 의미이다. 조건 없이 바쁘게 살아가는 것을 의미하지는 않는다. 작년에 바쁘게 일을 하면서 일에 대한 후회는 없지만 다른 부분에 대한 후회들이 있다. 아들과 함께 보내는 시간, 건강을 위한 세 끼 식사와 운동이 있다.

후회가 없어지려면 본인이 생각하는 후회 없는 삶의 기준이 무엇인가를 잘 알 필요가 있다. 시간을 잘 사용하기 위해서는 우선순위의 판단력과 결단력, 무엇보다 지속력이 있어야 한다. 본인에게 맞는 삶의 시간표를 잘 설계하도록 철저히 나를 분석해보자.

《인생을 바꾸는 아주 작은 습관》이라는 책을 통해 지수경 저자는 이렇게 이야기한다. 목표를 정할 때는 그 실천방법이 아주 중요하다.

지금 당장 행동으로 옮겨도 전혀 부담되지 않을 정도로 작은 목표를 정해야 하며, 아무런 변화가 느껴지지 않을 정도로 소소한 실천방법으로 시작하는 것이 좋다.

거창한 목표와 계획들로 당장 내 인생을 어떻게든 바꿀 수 있다고 생각하며 도전하는 것은, 우리의 뇌로 하여금 두려움을 느끼게 하고 거부반응을 불러일으킨다. 결국 중도에 포기하게 되거나 목표를 수정하게 되는 것이다.

당장 어떤 성과나 효과가 눈에 보이지 않더라도 부담 없이 실천할 수 있는 작은 실천사항들을 행동으로 옮기기 시작했는데, 그마저 힘이 들고 부담이 느껴진다면 다시 목표량을 줄이도록 한다. 작게, 더 작게 새롭게 실천하면 된다. 목표란 얼마나 빨리 달성하느냐가 중요한 것이 아니라, 달성했는가의 여부 자체가 중요한 것이다.

어느 실천사항이든 시간과 횟수는 중요하지 않다. 다만 자신이 부담이 느껴지지 않는 선에서 꾸준히 할 수 있으면 된다. 저자는 최소 습관의 꾸준함이 특별함을 만들 수 있다는 것을 본인의 경험을 바탕으로 이야기하며 아주 작은 습관을 기르는 것이 엄청난 결과를 만든다고 말하고 있다.

배우거나 도전하는 것을 좋아해 새로운 유익한 정보에 관심이 많다. 해보고 싶다는 생각이 강하고 실제로 배우는 일에 시간과 비용을 쏟기도 한다. 많은 배움이 유익하지만 얼마나 적용하고 있는가?라는 생각이 들었다.

하나의 일들을 놓고 보면 안 중요한 것이 없지만 스케줄을 무리하게 계획하는 것은 오히려 어느 하나도 제대로 진행할 수 없게 만든다.

각자에게 주어진 시간은 정해져 있다. 정해져 있는 시간 중에서도 여러 가지 일을 하기 위해 각기 분배된 시간도 있다. 시간을 잘 관리하기 위해선 본인의 한계를 잘 파악하고 주어진 시간을 잘 분배하는 현실적인 계획이 필요하다.

명확한 목표하에 우선순위를 올바로 세우고 하루의 실천을 통한 시간 활용을 해보자. 시간을 잘 관리하는 것이야말로 삶의 균형과 조화를 이루게 하고 자신을 잘 다스릴 수 있는 가장 값진 일이다.

핑계를
대지 마라

행동보다 더 많이 하는 것이 행동하지 않은 뒤의 핑계 대기이다. 잘못이나 실수를 고백하기 이전에 본능적으로 아주 빠르게 핑곗거리를 찾아낸다. 흔히 하는 것이라 핑계라 생각하지 못할 수 있다.

시간의 가치를 모를 때 시간약속에 종종 늦곤 했다. "다 와 간다", "주차장에 들어왔다", "곧 도착한다"는 말과 오늘따라 차가 많았다는 등의 핑계를 예사로 말한다. 할 수 없었던 것에는 무수히 많은 설명으로 말이 길어진다. 안 될 수밖에 없었던 그것에 관해 설명을 많이 하는 사람들을 보니 나중에는 그저 하는 말로밖에 들리지 않았다. 설명하기 위해 보내는 불필요한 시간으로 불편을 겪다 보니 이런 시간에 하겠다는 생각도 든다. 핑계를 댈 일을 하지 말아야겠다는 생각이 들었다.

'그래! 핑계를 댈 일을 아예 만들지 말자.'

완벽할 수는 없다. 핑계를 댈 일을 만들지 않는 것을 목표로 최선을 다하되 잘못되는 것이 있으면 솔직하게 고백을 하고 바로잡으면 된다. 마음을 먹고 실천에 옮기니 변화는 생각한 것 이상이다. 습관처럼 하는 사소한 핑계를 말하지 않겠다고 다짐을 하고 스스로 지켜야 하는 것들이 생겨났다. 변명을 해야 하는 그 죄송한 일을 안 하는 것이다. 핑계를 대는 불필요한 시간이 줄고 핑계를 대는 일을 만들지 않기 위해 신중히 신속하게 처리하는 습관은 실수가 줄고 실행력을 늘리게 했다.

문자나 카카오톡, 메일과 통화량이 많다. 바쁘게 많은 사람을 상대하면서도 꼼꼼한 성격 탓에 큰 실수는 없었으나 실수 없이 해내기 위해 에너지 소비가 만만치가 않다. 그런 스트레스를 줄이기 위해 몇 가지 실천하는 것들이 있다.

나에게는 여러 사람 중에 하나지만 상대방은 본인 하나이기 때문에 의논한 내용을 내가 알지 못하거나 제대로 모르는 걸 아는 척한다면 큰 실수로 연결될 수도 있다. 학교나 기관에서 업무 문의하는 경우에는 해당 기관에서 보통 혼자 결정하지 않기 때문에 작게는 두세 번 많게는 그 이상도 같은 내용으로 통화를 하는데 업무 전화는 메모하는 양식을 만들어 통화하는 동안 체크하고 기록하여 바로 정리한다. 예전에도 통화하면 메모를 하기는 했으나 대략의 메모를 다시 정리하는 데 시간이 들고 흩어져 있는 메모를 필요할 때에 찾는 것도 어려웠다. 반복해서 오는 전화에 대해서는 그전의 내용을 바탕으로 통화를 하다 보면 실수도 없고 스스로 주는 스트레스도 막을 수 있다.

문자나 카카오톡 그리고 메일은 답장할 수 있을 때 열어보고 읽은 후에는 바로 답장을 한다. 바로 실행을 하지 않으면 놓치는 실수를 할 수도 있고 시간이 지난 후 답장을 할 때는 다시 읽어야 하는 번거로움이 생기며 시간의 낭비가 된다.

아들이 사무실 앞에서 유치원 차를 타고 등원을 한다. 집 앞에서 차를 타는 것보다 차량 타는 시간이 짧아서 결정된 사항이다. 집에서 차를 타고 10분이 채 걸리지 않는 거리이다. 오늘은 등원 준비가 늦어 시간이 빠듯했다. 주차장에 가니 내 차 앞에 차 한 대가 주차되어 있었다. 하필 여유가 없는 터라 그때부터 초조하기 시작했다. 전화해서 차를 빼달라고 한 후 기다리는 4분여 동안 1분이 10분 같았다. 간신히 차를 빼고 나왔는데 신호 없이 우회전할 수 있는 길에 차들이 많아 대기할 수밖에 없었다. 그마저도 우회전하려는데 좁은 길에 보행자 2명이 길을 비키지 않아 평소 경적을 잘 울리지 않는데 급한 마음에 경적을 울리니 중년의 아저씨가 다짜고짜 욕을 한다.

겨우 도착할 무렵 기다리게 할 수 없어 미리 연락한 터라 유치원 차는 이미 출발을 했고 눈앞에서 차를 놓쳤다. 짧은 시간이었지만 급하게 이동하는 동안 마음도 힘들었고 하루의 시작 아침부터 기분이 좋지 않았다. 급하게 하는 운전이 어린 아들까지 태우고 안전할 리 없었다. 예전에는 이럴 때 차를 막고 주차한 차량 그리고 차를 빨리 빼러 나오지 않은 차주, 길게 늘어선 차들, 길을 막고 선 보행자들 모든 것이 이러한 상황 때문이라고 생각하고 화가 치밀어 올랐다.

외부로부터 오는 사항들은 나의 의지로 변화시킬 수 없다. 5분만 일찍 준비했으면 일어나지 않을 일이다. 상황을 있는 그대로 받아들이고 나를 중심으로 할 수 있는 일을 찾고 반복된 실수가 생기지 않도록 자극을 받는다. 유치원까지 아들을 태워주며 앞으로는 이렇게 급하게 움직이지 않아야겠다고 결심했다.

실행을 방해하는 데에는 여러 가지 핑곗거리들이 많다. 핑곗거리를 줄이고 실행력을 높이는 데에는 시간을 잘 관리할 필요가 있다.

일의 완료 시간을 잘 설정하자. 스스로 정한 계획이든 타인과의 약속이든 지키지 못하면 핑계가 생긴다. 처음부터 여러 가지 상황과 본인의 여건을 잘 판단해서 처리할 수 있는 시간을 정하는 것이 중요하다. 하나같이 급하지 않은 일이 없었다. 업무부터 사소한 개인적인 부탁까지 하나하나 모두에게 중요하지 않은 일이 없다. 열심히 하는데도 너무 바빴다. 먼저 처리하는 데에 사용할 수 있는 시간을 확인하고 무리 없는 범위 내에서 기간을 결정하기 시작했다. 예상 완료 시간보다 조금 더 여유를 두기도 한다. 생각지 못한 변수가 생길 것을 예방할 수 있다. 합리적인 설정은 늦어져서 핑계를 댈 일이 줄게 했다.

일을 잘 거절하자. 거절을 잘 못했다. 도움을 요청하는 마음이 거정되기도 했고 어떤 일은 흥미가 있어 보이기도 해서 가치가 있는 일도 그러했다. 그러다 보니 거절할 수 있는 일은 없었다. 그렇다고 일을 대충 할 수도 없으니 스케줄의 지장을 받게 되거나 할 수 없이 핑계를 댈 일이 생기기도 한다. 우선순위를 잘 정하는 것과는 같은 말이다. 중요도와 긴급도에 따라 내가 직접 해야 하는 일과 다른 사람이 처리하면 좋은 일 또 불가능하거나 불필요한 일을 구분하고 처리하는 습관을 길렀다.

사람들은 자신이 특별하지 못하기 때문에 남다른 성공을 못 한다고 한다. 나 역시 좋은 장소에 멋진 인테리어를 하고 시설을 잘 갖췄다면 사업을 정말 잘 할 수 있을 거라고 생각했다. 그러자 바로 드는 생각은 누구나 그러하다는 것이다. 잘 갖추어지면 나 아닌 누구도 다 잘 할 수 있다. 통장의 잔액, 영어점수, 인맥과 같이 현재 처한 일들이 당장에 쉽게 바뀌지는 않는다. 빠르게 바꿀 수 있는 것을 나의 관점이다. 똑같은 일을 어떻게 받아들이느냐에 따라 결과는 큰 격차로 나타난다. 자신이 하는 핑계가 어떤 것이 있는지 살펴보자. 약속 시각에 절대로 늦지 않아 핑계를 대지 않겠다와 같이 사소한 것부터 실천하길 바란다. 변화를 꿈꾸며 하는 큰 계획보다 핑계를 대지 않는 사소한 실천을 통해서 나 자신은 변화한다.

한 번에 다 하려고
하지 마라

한 번에 옮길 수 없는 무게의 황금이 있다. 한 번에 가져갈 수 없어 발만 동동 구르다 마는 사람이 있고 나눠서 옮기다 언젠가 모두 옮기는 사람도 있다. 물론 금이라 하면 어떤 수를 써서라도 옮기겠지만 그만큼 어떠한 일을 만났을 때 할 수 있는 실행 방법을 찾는 것은 중요하다.

한 번 하면 제대로 해야 하는 성격에 어릴 때부터 정리해야겠다 싶으면 그냥 둬도 되는 것까지 다 끄집어내서 정리하곤 했다. 당장에 어질러져 있는 것부터 정리하고 여유가 되면 더 진행하는 방식으로 단계를 가지고 해도 될 것을 굳이 다 꺼내서 불필요한 시간을 소요하고 심지어 정리를 채 끝내지 못해 더 어질러지는 사태도 발생했다. 마음먹고 제대로 해야 한다는 생각은 평소에 사소한 그것들이 정리되지 않고 미루는 습관을 지니게 했다. 제때 정리되지 않는 것들을 처리하는 데는 더 많은 수고를 하게 되었다.

결혼하고 시집을 가서 생활하는데 시어머니께서는 아주 철저하게 집안일을 하고 계셨다. 식사를 마치면 바로 설거지통에 그릇을 담아야 하고 당연히 설거지도 바로 해야 한다. 널어둔 빨래가 마르면 다음 빨래가 없어도 바로 정리했다. 쓰레기가 발생하면 그 자리에서 바로 비닐, 플라스틱, 종이, 일반을 분리하고 부피가 줄어들게 깔끔하게 정리했다. 바닥에 흘리거나 흐트러진 것이 있으면 즉시 청소를 했다.

마음먹고 제대로 한 번에 몰아서 하는 나와는 정반대의 모습에 처음에는 당황스러웠다. 즉시 처리를 해야 한다는 생각에 초조하기도 했다. 표현하지는 못하고 시댁에 가서는 내가 할 수 있는 한 최선을 다해 맞출 수 있게 노력했다.

나의 의지로 시작한 것은 아니었으나 지금은 시댁에서뿐 아니라 내 생활에서도 많이 닮아 있다. 얼마나 현명하고 합리적이라는 것을 하면서 깨달았기 때문이다. 아주 사소할지 몰라도 그것이 모이면 큰 노동으로 바뀔 수도 있다. 제때 실행하는 습관이 길러지니 숙제같이 느껴지는 마음의 무거움도 없고 환경도 안락해져 한결 여유롭게 되었다.

학원을 운영할 때 이전을 하고 한참 스스로 인테리어를 할 때였다. 한번은 한쪽 벽면에 벽화를 그리기로 계획을 하고 학생들이 오지 않는 주말을 이용해 친구 한 명과 둘이서 진행했다. 벽화는 처음이라 주말이면 끝을 낼 수 있을 것으로 생각했다. 진행하다 보니 모자란 재료도 더 사러 가야 하고 칠을 하고 그 위에 반복해서 그림을 그리고 다시 칠을 해야 하다 보니 말리는 데 시간이 필요하여 계획한 것보다 시간이 더 필요하게 되었다. 한 번 정하면 그대로 끝까지 해야 하는 성격에 밤이 되어 친구는 보내고 이틀 밤을 새워서 완성했다. 주말이 지나면 정상수업이 시작되니 완성작을 짠하고 공개하고 싶기도 했고 작품을 위해 어질러져 있는 것을 다시 시간이 나서 작업할 때까지 두고 볼 수가 없었다. 무엇보다 막연히 내가 계획한 것을 변경하는 것이 싫었다. 그렇게 주말을 이용한 육체적 노동은 한동안 몸을 피곤하게 했다. 벽화는 완성했지만, 그 주에 해야 할 다른 일은 할 수가 없었다.

일할 때면 그 일에 너무 몰입하고 치우치게 된다. 일하는 것이 나의 행복이고 그 행복은 가족들을 위한 일이기도 하다고 생각했다. 착각이었다. 능력도 좋지만, 아이에게는 손잡고 함께 마트를 갈 엄마가 필요하고 맛있게 차려진 식탁을 마주하는 부부, 일로부터 자유하여 온전히 함께 보내는 가족의 시간이 필요하다. 시작하면 한 번에 다 해야 하는 성격이 일과 삶의 균형을 깨뜨렸다. 몸과 마음을 지치게 했고 더는 일을 하고 싶지 않도록 했다. 어리석음을 반성하고 삶의 가치를 나와 가족 그리고 이웃과 세상으로 구분해서 작성하고 그것이 조화를 이룰 수 있는 시간 스케줄을 짜는 습관을 길렀다.

실행에 옮길 때는 목표가 필요하다. 목표를 설정하면 그것을 더 작은 목표로 나눠서 실질적으로 행동할 수 있도록 만들어야 한다. 지나치게 큰 목표는 생각에 그치거나 실행하는 데 무리가 될 수 있다. 무리하게 되면 결국 그 일은 지속할 수 없고 다른 일에도 지장을 주게 된다. 실행은 나와 주변 여건을 고려한 세부적이고 구체적인 계획을 통해 단계적으로 지속해서 진행할 때 효과적이다.

《몰입》의 황종문 저자는 지속해서 실천 가능한 페이스를 찾을 것에 대해 말한다. 마라톤에서 좋은 성적을 거두려면 자신만의 페이스를 지켜야 하듯, 각자의 상황에서 최적의 페이스를 찾는 것이 중요하다. 특히 장기간에 걸쳐 최선을 다해야 할 때는 자신만의 페이스를 찾아서 하루의 패턴을 만들고 이것을 반복해야 한다.

그때 가장 중요한 것은 정신적으로나 육체적으로 피로가 누적되어서는 안 된다는 것이다. 따라서 충분한 수면 외에 스트레스를 해소할 수 있는 규칙적인 활동도 일상의 패턴에 포함시켜야 한다. 나는 수업이 끝난 뒤 30분 정도 학교 야구부원들이 연습하는 광경을 지켜보았다. 그리고 나서는 11시까지 고3 전용 도서관에서 공부하다가 집으로 돌아오곤 했다. 이것이 내가 지속해서 부작용 없이 실천했던 최선의 패러다임이었다.

실행할 때는 분명한 마감 시간이 있어야 한다. 마감 시간을 설정할 때에도 현재 나의 가능성을 기준으로 하여 예상되는 시간보다 조금 더 여유 있게 정한다. 마감 시간이 없거나 지나치게 길어도 실행을 하기에는 막연하다. 너무 짧아도 즉 한 번에 다 하고자 하는 것도 제대로 된 실행을 할 수 없다.

무리해서 처리하거나 정당하지 않은 방법으로 한 번에 얻는 것은 다음의 행동을 기대하기 어렵다. 같은 양의 소금이라도 한 잔의 물과 한 양동이의 물에 각각 녹는다면 다른 결과를 준다. 무리하지 않은 계획으로 행동을 하는 습관을 기른 후 나의 역량을 늘려가자. 감당할 수 있는 능력이 길러지면 예전보다 더 많은 일을 처리하게 된다.

chapter **4**

오직 행동하라

행동하지 못하는 데에는 저마다 이유가 존재한다.
누구나 실수를 하고 실패를 두려워한다.
행동하지 못하는 이유를 극복하는 방법을 찾고
실패를 통해 배우고 강해지자.
리스크를 감수하고 자신 있게 하는 행동은 용기를 가지게 한다.

생각나면 움직여라

뭐든 하자고 하면 하고, 가자고 하면 가는 특별한 친구들이 있다. 대학 4년 동안 수업시간뿐 아니라 대부분 세월을 함께 보낸 친구들이다. 각자 개성이 뚜렷하지만 큰 다툼 없이 많은 일을 함께했다. 사는 곳도 하는 일도 다르지만 지금도 만나면 시간 가는 줄 모르는 소중한 친구들이다.

학교 방학을 맞아 친구들과 전라도로 여행을 갔다. 일주일 동안 전라도를 일주하기로 계획하고 방문할 지역과 장소에 대한 간단한 스케줄을 짜서 무작정 떠났다. 경비가 여유롭지 못한 학생의 신분으로 떠난 여행이라 코펠이나 버너와 함께 비상식량도 챙길 법했지만, 여자 6명의 가방에는 여러 종류의 옷들과 모자, 화장품들만 가득 했었다. 어딜 가도 편의점에서 삼각김밥이라도 먹든지 패스트푸드점에 가서 햄버거를 먹으면 된다고 생각했지만, 여행은 그리 만만치 않았다. 전라도 전체 여행 중에 딱 한 번 햄버거 가게를 만나서 감격했던 생각이 난다.

진도부터 시작된 여행은 첫날부터 순탄치 않았다. 가는 길에 미리 예매한 표보다 조금 더 간 곳에서 내려야 한다는 판단을 했고 기사님께 요청하니 가서 차액만큼의 요금을 지급하면 된다고 했다. 가던 중에 기사님이 여기서 내리면 된다고 하면서 비용은 본인에게 내면 된다고 했다. 어렸고 순수했던 마음으로 그런 줄만 알고 비용을 드리고 내렸다. 신나는 여행의 첫 목적지에 도착한 우리는 한껏 들뜬 마음도 잠시 사태파악에 나서야만 했다. 내린 곳은 진도를 알리는 진돗개 동상 같은 것이 있는 길 한복판이었다. 정류소에 가기 전에 기사님이 본인이 비용을 정산받기 위해서 적당한 곳에 우리를 내려준 것이다. 기가 막히게 비가 내리기 시작했다.

당시만 해도 2000년대 초로 스마트 폰을 사용하지 않았다. 지도를 들고 원래 가고자 했던 곳으로 물어물어 찾아갔고 겨우 숙소에 도착할 수 있었다. 서로 얼굴만 쳐다봐도 웃음이 나는 20대 초반 시절 힘듦도 모르고 그래도 좋다고 짐을 풀고 동네를 한 바퀴 돌아보았다. 관광지라고 찾아보고 간 곳은 특별한 것도 없었다. 정말 진돗개를 동네 사람들의 각 집에 묶어둔 것이 기억에 남는다. 그렇게 시작된 전라도 일주는 보성 녹차 밭과 같은 이름이 나 있는 관광지를 돌아보고 즉흥적으로 가고 싶은 곳들도 추가해서 가는 것으로 진행되었다.

갑자기 배를 타보자고 결정하고 비용과 시간을 줄이기 위해 가장 가까운 곳으로 가는 표를 예매하려니 직원이 이상하게 쳐다보았다. 왜 가냐는 것이었다. 배를 타고 싶어서 간다고 하니 어이가 없다는 듯한 표정이다. 표를 사겠다는데 왜 사냐는 식이니 이해가 되지 않았다.

배를 탄 우리는 신이 났고 목적지에 도착한다는 안내방송을 듣고 승객 중 가장 먼저 밖으로 나왔다. 수다스러운 우리는 잠시 침묵하며 눈앞에 보이는 것이 무엇인지 살폈다. 한 번도 겪어보지 못한 광경으로 섬에 무수한 돌이 쌓여 산을 이루고 있었고 야외 공장 같기도 했다. 여러 개의 통로에서 돌이 떨어지고 있는 그 모습이 개인적인 느낌으로는 마치 영화에서나 나오는 고립된 곳의 모습이었다. 아무리 배가 타고 싶어 간 곳이지만 막연히 무언가는 있을 것으로 생각했다.

그제야 매표소 직원이 그렇게나 황당해하던 모습이 이해가 되었다. 내린 섬에는 정말 엄청난 양의 돌들만 가득했다. 사람도 볼 수 없는 곳에서 우연히 그곳이 옥돌을 채취하는 곳이라는 말을 듣고 그때부터 흘러내려 오는 돌들을 적극적으로 뒤져보았다. 그렇게 옥돌 비슷하게 보이는 돌들을 주워 계획보다 빨리 다음 배를 타고 바로 왔다.

보길도에 갔을 때는 관광지라 콜밴들이 많이 있었는데 3명씩 나눠서 이동하기로 했다. 계획과는 달리 친구 3명이 마을 주민이 태워

준다고 하여 개인차를 타고 출발한다고 했다. 말릴 겨를도 없이 일어 났다. 결론부터 말하면 감사한 분들이었지만 지금만큼은 아니라도 세상이 얼마나 무서운가. 아무 차나 타고 그렇게 가버린 아이들을 쫓 아가는 잠깐의 시간이었지만 마음이 편치 않았다. 학생들이 반가우 셨는지 좋은 대접도 해주고 젊은 사람이 반가워서 이 사람 저 사람 동네 사람들을 불러 잔치 아닌 잔치가 열리기도 했다.

설상가상으로 폭우로 인해 배가 운항하지 않아 예정에도 없이 보 길도에서 이틀이나 있게 되면서 낚싯배도 얻어 타보고 다른 관광객 들의 삶의 이야기도 듣고 특히 집주인 아저씨가 그렇게 자랑하시던 갑오징어도 먹었다. 핸드폰이 되지 않아 집에 연락이 제대로 닿지 않 아 마음을 졸였지만 지금도 전라도 여행하면 '보길도' '갑오징어' 할 만큼 기억에 남는다.

다음 방학에는 일주일 동안 강원도로 갔다. 지난 전라도 일주에 서 얻었던 교훈들을 반영해 준비했다. 눈 내리는 강원도로 향하는 기 차여행. 눈을 잘 볼 수 없는 남부지방에 있는 우리로서는 설레기 충 분했고 거기에다 기차여행이라니 낭만적이지 않을 수 없었다. 기차 에 타자마자 마주 보게 좌석을 변경하고 사진을 찍고 야단법석을 떨 었다. 그렇게 한 시간 두 시간이 지나 7시간이 걸렸고 기차는 다시 타 지 말자고 했다. 정동진역에 내려서는 언제 그랬냐는 듯 피곤함도 잊 고 다시 힘차게 여행길에 올랐다. 남이섬과 같은 유명한 관광지도 둘러보고 그때그때 의논해서 일정을 정해가며 움직였다. 경포대에서는 해변 노래자랑이 열리고 있었는데 노래 실력이 좋은 친구가 마이크를 잡고 나머지는 들러리로 모두 무대에 올라 1등을 해서 밤새 파티를 하기도 했다. 밤에 할 것이 없는 곳이면 우리끼리 할 일을 만들어서라도 시간을 보냈다. 당시 '웃지 마'라는 프로그램이 있었는데 분장을 해서 상대방을 웃기는 것이고 상대방은 웃음을 참아야만 하는 형식이다. 우리만의 '웃지 마! 분장 놀이'를 했는데 살면서 그렇게 웃었던 적은 없다. 디지털카메라도 없어서 카메라로 찍은 사진을 다 인화하는데 사진을 찾으면서 민망했던 기억이 난다.

여행이 아니더라도 평소에도 생각이 나면 바로 행동했다. 학과 특성상 밤샘 작업을 할 일도 많이 있었는데, 하다 말고 음악을 틀고 춤을 추기도 하고 각종 경연대회를 하기도 했다. 즉흥적으로 드라이브를 가기도 하고 버려진 소파를 학과 방에 두겠다고 여자 여럿이서 비 오는 새벽에 옮기기도 했다. 학교 축제를 하다가 족자에 설탕을 넣어 만든 뽑기를 해서 팔아야겠다는 생각을 하고는 바로 재료를 준비하고 자리를 마련해서 팔았다.

생각하는 일을 실행에 옮길 수 있었던 것 중에 큰 힘은 함께였다는 점이다. 무슨 일이든지 여럿이 힘을 모아 함께하면 쉽게 잘 될 수가 있다. 혼자보다 용기를 내기 쉽다. 혼자 하는 일정은 취소하기 쉽지만 함께하는 것은 변동하기 어렵다. 재미가 있다. 즐겁게 하는 것은 능률이 오른다. 실행에 어려움이 있는 사람들은 함께 시작하는 것도 방법이다. 건강을 위해 주말에 산에 가겠다는 결심은 혼자 할 때는 늦잠의 공격을 받기 쉽지만, 함께 가는 약속을 하면 어김없이 일어나야 한다.

의도해서 한 것은 아니나 그 시절 생각과 행동 사이에 간격이 아주 좁았다. 하고자 하면 하고, 가고자 하면 갔다. 생각은 했으나 고민은 하지 않았다. 다양한 곳을 가고 여러 가지를 직접 체험하는 행동을 통해서 견문을 넓히고 경험을 쌓았다. 만나는 사람이 한정되어 있는 학생의 신분으로 여러 연령대와 다른 일을 하는 사람들을 만나면서 새로운 세상들을 볼 수 있었다.

함께하는 가운데 작은 세상도 경험했다. 여럿이 모이면 다양한 의견이 존재한다. 서로를 인정하고 부족한 부분을 채우며 한 방향성으로 잘 설계될 때 효과적인 진행을 할 수 있다. 협동과 배려하는 힘을 기르게 되었다. 후에 세상에서 배우는 것은 훨씬 더 냉정하고 혹독했다. 이전에 이해가 바탕이 된 친구들과의 사이에서 이러한 것을 배우는 것은 행복한 훈련이었다. 이렇게 행동은 즐거움의 추억은 물론이고 그것을 바탕으로 성장하는 계기를 마련한다.

세계적인 컨설팅 회사에서 애널리스트와 트레이더로 일하던 코너 우드먼은 하루에 100만 원 넘게 버는 고액 연봉자였지만 고액 연봉을 포기하고 세계여행을 떠났다. 저서 《나는 세계 일주로 경제를 배웠다》에서 이렇게 말한다.

"과연 내가 산전수전 다 겪은 전 세계 베테랑 상인들과 거래하면서 조금이라도 이윤을 남길 수 있을지 확인하고 싶었다. 직접 시장에 뛰어들어 협상과 거래를 해보면 경제와 사람을 더 깊이 이해할 수 있을 것 같았다. 직접 보고, 듣고, 경험하고 싶었다."

겁도 없이 덤벼본 결과 전혀 예상치 못했던 사건이 터져 곤경에 빠지고 위기에 처하는 과정을 통해 결국에는 목표한 금액을 버는 데 성공했다. 방송과 책이 큰 인기를 끌면서 강연요청이 쇄도하는 등 애널리스트로 일할 때보다 더 많은 돈을 벌게 되었다. 모니터 앞에서 수백억 원을 거래할 때는 몰랐던 경제의 진짜 의미를 깨달은 것이 세계 일주의 가장 큰 수확이라고 말한다.

돈을 포기한 게 아니라 돈 버는 방법을 바꾸었을 뿐이라고 하며 사업이든 사람이든 정말 제대로 알고자 한다면 직접 만나고 경험하고 부딪쳐보는 수밖에 없음을 자신의 경험을 통해 알려준다.

시장에 가서 장을 보면 생각보다 돈이 많이 들기도 하고 적게 들기도 한다. 계획한 것과 다르게 돈이 모자랄 때는 개수를 줄이든지 한 가지의 양을 줄인다. 비용이 적게 나오면 다른 것을 구매할 기회로 삼기도 한다. 계획과 맞지 않을까 봐 걱정돼서 시장을 가지 않는다면 장을 볼 수 없다. 가서 봐야 계획한 것을 검증할 수 있고 다음번에 그것을 반영해 계획할 수가 있다. 생각이 일면 움직여 보자. 겁이 나서 시장을 가지 않는 사람이 없듯이 하고 싶은 다른 일에도 행동을 통해 경험을 만들어 보자. 경험은 간접적으로 접한 고급 정보보다 훨씬 현실적이고 변화하게 하는 힘이다.

머리보다
몸이 먼저다

크게 만들어진 눈사람이 있다. 눈사람의 크기만 본다면 어떻게 만들 수 있을까 싶지만, 눈덩이를 굴려본 사람이면 누구나 처음에는 작지만 굴리다 보면 크게 된다는 것을 쉽게 알 수 있다.

스노보드나 볼링과 같이 활동을 위한 운동은 좋아한 편이었는데 건강을 위한 구체적인 운동을 하지는 않았다. 건강상의 이유로 운동을 할 때는 본인과 잘 맞는 운동을 해야 바람직한 효과를 가진다. 디스크가 있어서 수영이 그나마 위험요소가 덜하다는 의사 선생님의 이야기를 듣고 수영장으로 갔다. 이전에 20살 대학교 1학년 여름방학 때 처음으로 수영을 배웠고 그 이후로도 수시로 수영장을 찾았지만 남과 같은 진도를 도저히 따라갈 수 없어서 얼마 가지 않아 포기하곤 했다. 디스크로 몸이 좋지 않은 상태에서 다른 사람들과 함께 진행하는 수업으로부터 몸이 무리되거나 또 정신적으로도 힘들어지고 싶지 않았다. 수업과 일반 자유 수영과 비용이 크게 차이 나지 않는다는 안내직원의 말에도 자유수강권을 구매했다. 수영장을 가 본 사람들은 다 알겠지만, 레슨이 많은 시간에는 자유수강자들을 위해 한두 라인이 비어 있고 그마저도 수업을 듣는 사람들이 본인의 시간 전에 몸을 풀거나 수업 후에 시간을 보내기 위해 사용하고 있어서 원활한 사용이 어려웠다. 예전에만 해도 다른 사람을 아주 많이 신경 쓰는 성격 탓에 별것 아닐 수 있는 그런 점에도 예민했다.

몸이 안 좋아지고 보니 수영장을 찾게 된 이유와 목적이 더욱 선명했고 외부 상황을 의식할 만큼의 여유는 없었다. 남이 어떻게 하고 있든 자유 라인에 들어가서 걷기부터 시작했다. 호흡이 길지 않고 오랜만에 하는 수영인데다 킥판을 잡고도 앞으로 잘 가지 않았기에 아주 가볍게 할 수 있는 것부터 시작한 것이다. 첫 한 주 동안 30분 내외로 걷기만 하다 나왔다. 그다음 주는 조금 더 시간을 늘려서 걸었다. 몇 주 동안 걷기만 반복했지만 꾸준히 한 탓인지 운동을 했다는 마음과 기분의 영향인지 몰라도 몸이 아주 가벼워졌다.

조금 욕심이 났다. 걷는 동안 수영하는 사람들을 계속 보고 있으니 수영을 다시 한 번 도전해 보고 싶었다. 지금의 남편이 된 당시 남자친구에게 개인레슨을 틈틈이 받았다. 보통사람들이 제대로 된 수영을 하지 못해도 물속에서 앞으로 갈 수는 있다. 그런데 나는 배워도 앞으로 가지 않는다고 하니 이해가 되지 않는다고 했다. 당사자인 나는 오죽 답답하겠는가. 처음 함께 수영장을 갔을 때 내가 앞으로 가지 않는 것을 보고 그제야 실감을 했다.

수영장에서 단체로 하는 수업을 받을 때 매번 초급부터 수강했었다. 이미 몇 차례 수강경험이 있지만 앞으로 가지 않은 채 다음 단계를 들을 수 없었기 때문이다. 어린이 수영장에서 기본기를 익히고 자유형으로 넘어갈 때면 줄을 서서 출발을 하면서 연습을 한다. 나만 앞으로 안 갈 수 없으므로 출발할 때 수영장 벽을 발로 힘껏 밀어서 시작하고 밀어서 가는 힘이 끝날 즈음에 걸어서 돌아오곤 했다.

그래서 편하게 말을 할 수 있는 남자친구에게 개인레슨을 요청한 것이다. 남자친구는 잠수해서 나의 모습을 연구하기도 하고 방법을 찾아내려고 애를 썼다. 나에게 맞는 작은 동작부터 아주 차근차근 하나씩 했다. 몇 달 동안 걷기만 한 것처럼 아주 아무것도 아닌 만큼의 양만큼 누가 보면 뭘 배운 것이냐 할 정도만 했다. 그렇게 여전히 혼자의 힘으로 앞으로 가는 것은 힘든 채 수영을 배우는 것이 아니라 아픈 허리를 치료한다는 생각으로 임했다.

여전히 누가 수영할 수 있느냐고 내게 물어온다면 나는 수영할 수 없는 사람이었다. 그 정도의 경험으로 세부에서 5개월 동안 지낼 때 많은 시간을 물과 함께 보냈다. 여전히 물에 대한 자신이 없었고 수영은 당연히 내가 할 수 없는 영역이었다.

다이빙하다가 거북이를 쫓아가게 되던 날 돌아보니 내가 수영을 했다. 나는 수영을 절대로 할 수 없는 사람인데 수영을 하다니. 그동안의 실행을 통해서 나는 못 한다고 생각했으나 하나하나의 과정에서 몸이 변화하고 있었고 그것을 몸이 기억해서 해냈다.

그때부터 수영하는 데 앞으로 가게 되었다. 오 마이 갓! 해도 해도 안 되던 일을 해내게 되니 마치 올림픽에서 수영 금메달이라도 딴 기분이었다. 자신감이 생기니 가르침이 이해가 되었고 몸으로 적용할 수 있었다. 이제는 누가 수영할 수 있냐고 물어보면 당연히 할 수 있다고 한다. 계속해보지 않았다면 지금도 수영은 못하는 사람으로 남았을 거다.

스노보드를 제일 처음 탈 때 친구와 둘이서 스키장을 갔다. 가서 수도 없이 넘어졌던 기억밖에 없다. 타고 넘어지고 타고 넘어지고 타고 내려오는 것이 아니라 굴러 내려오다시피 했다. 무릎과 엉덩이가 보라색이 되도록 탔다. 중간에 넘어져 앉아 있을 때면 보란 듯이 S자를 그리며 내려가는 사람들이 그렇게 멋지게 보였고 부러웠다. 하염없이 바라보기도 하고 분석해보기도 했으나 그렇게 할 수는 없었다. 한번은 남자친구와 함께 가서 레슨을 받았다. 설 수 있는 상태가 되고 낙엽 쓸 듯이 내려오며 브레이크를 잡는 정도가 되었다. 진작 이렇게 배워야 했는데 그렇게 보라색 멍이 들도록 탔었나 하니, 그렇게 혼자 많이 넘어졌기 때문에 오늘 설 수 있다고 했다. 굴러 내려올 때는 설 수만 있어도 좋겠다 했는데 막상 서서 내려오니 멋있게 턴도

하고 싶어졌다. 될 듯 될 듯 되지 않아 짜증도 났다. 그러다 어느새 스스로 신기할 정도로 할 수 있게 되었다. 멋지게 S자를 그리며 내려오다 보면 처음의 나처럼 제대로 설 수 없어서 중간에 앉아 있는 사람들이 있다. 그들에게 나의 보라색 무릎은 보일 리 없고 잘 타고 내려오는 모습만 보일 뿐이다.

뚜렷한 목표의 설정과 꾸준히 포기하지 않고 하는 도전은 절대로 하지 못할 것 같은 일도 가능하게 한다. 당장 실패처럼 보이는 행동은 하나의 경험이 된다. 경험을 통해 배우고 다음의 행동으로 이어갈 때 성장할 수 있다. 수영을 하지 않다가 하거나 스노보드를 지난겨울에 타고 1년 동안 타지 않다가 다시 타더라도 할 수 있다. 한 번 몸으로 익힌 것은 절대 잊히지 않는다.

아무리 대단한 업적을 달성한 사람이라도 처음에는 아주 작은 일부터 시작한다. 세계적인 브랜드를 만들어 낸 회사의 창업자들도 작은 한 걸음을 찾아내어 실제 행동으로 옮기며 큰 꿈을 실현하지 않았을까? 지금 당장 할 수 있는 작은 일부터 찾아보자. 여러 단계의 머리로 하는 생각보다 그중 한 단계라도 실행에 옮기는 몸의 행동이 원하는 것을 얻을 수 있는 확률을 높인다.

몸을 힘들게 하라

하고 싶은 일을 하나 떠올려 보자. 그것을 위해 내가 무엇을 하는지 생각해보자. 생각 중에 몸을 써서 하는 일이 있다면 그 일은 반드시 이루게 된다.

미대 입시를 위해 입시 미술학원에 다녔다. 고등학교 3학년 본격적인 입시 시기가 되자 많은 시간을 학원에서 여러 입시생과 함께 보냈다. 우리는 짧은 쉬는 시간을 활용해 끼니를 때우겠다고 앞치마를 입고 분식집을 뛰어갔다 오는 친구이자 치열한 경쟁자이기도 했다. 수능을 치고 나서 더 바빴다. 온종일 학원에서 그림만 그렸다. 입시를 할 때 학교와 집보다도 학원에서 가장 많은 시간을 보냈다. 각기 품은 꿈은 달랐어도 목표하는 대학에 합격하겠다는 마음만은 같았다.

사실 미대 입시를 생각할 정도면 정도는 달라도 나름의 소질로 선택을 하게 되었던 터라 그림을 잘 그리거나 그릴 수 있는 사람들이 모여 있는 곳에서 남다른 실력을 갖춘다는 것이 쉽지 않다. 더욱이 한 학원 내에서 최고라서 해서 지역의 최고, 전국의 최고가 되라는 법은 없다. 입시는 전국의 모든 학생과 경쟁하는 것이기 때문이다.

지금은 상상도 못 할 일이지만 20년 전 학창시절을 보낼 때만 해도 사랑의 매가 존재했다. 막바지 입시가 되자 각자 품은 꿈은 온데간데없고 시간에 맞춰 작품을 해내는 작품공장이 되었다. 어쩔 수 없는 것이 실기시험을 치를 때 학교마다 입시 요강이 다르지만 주어진 주제의 작품을 정해진 시간 내에 제출해야 했다. 사실 잘 할 수 있는 사람이면 그 시간 내에 완성도 있는 작품을 할 수 있는 것이 맞기도 하고 어쨌든 정해진 시간 내에 잘 하는 과정을 보여주는 것이 아니라 완성된 작품으로만 평가를 받기 때문에 끝내는 것이 중요했다.

수능 후 실기시험을 앞둔 막바지 입시철에는 온종일 학원에 있으면서 보통 하루에 세 작품씩 실제 각자가 지원하는 학교의 시간에 맞춰서 작업을 했다. 정해진 시간이 종료되면 강사님은 "세워."라고 외쳤다. 이젤을 평가할 수 있는 대형으로 배치하라는 말이다. 그렇게 세우고 특별한 설명도 없이 자체 제작한 몽둥이로 작품을 지목하면 나가서 맞았다. 완성이 안 된 것은 무조건, 상대적으로 완벽해도 개인의 역량만큼 안 나온 작품도 해당한다. 그렇게 작품을 하다 보니 놀랍게도 나중에는 완성이 안 되는 작품은 없었다. 그중에서도 여러 가지 요소에 따라 등급이 나누어지겠지만 적어도 완성하지 못한 사람은 없게 되었다. 물론 외부적인 압박을 받으면서 한 것이지만 억지로 한 것은 아니기에 가능했다.

대학교 전공수업 시간이었다. 금속공예 기본기를 익히는 수업으로 동판을 두들겨 반구를 만드는 작업을 했다. 하필이면 과제가 축제 기간에 주어져서 다른 학생들이 즐겁게 축제를 할 때 과 친구들과 함께 판을 두들기고 있었다. 평면으로 납작했던 판을 입체의 반구 모양이 되도록 두들기는 과정에서 처음에는 언제 되겠냐는 생각은 들었지만, 내 팔은 연장을 들고 두들기고 있었다. 빨리하고 축제에 참석하기 위해서이기도 했다. 몸이 움직이는 것은 거짓이 없었다.

어릴 때 닮지 않겠다고 했던 어른들의 모습을 꼭 닮은 나를 발견한다. 내 아이도 위인전에 나오는 좋은 모습을 보여주기 위해 함께 독서를 하지만 그런 위인들의 모습보다 함께 생활하는 나를 더 닮아있다.

여러 정보와 지식, 문화, 예술을 전달받는 많은 방법 중에 내가 직접 경험하는 것에 가장 큰 영향을 받는 것을 알 수 있다.

하고자 하는 일이 있을 때 무엇을 하는지 보자. 계획을 메모하고 생각을 정리한다. 가장 쉽게 인터넷을 검색해 정보를 본다. SNS를 활용해 다른 사람의 의견을 손쉽게 접한다. 그것을 토대로 판단하고 반영한다. 실제로 이러한 일은 간편하게 할 수 있는 일들이다. 편리한 시대의 흐름에 맞는 일이기도 하다.

　도서관이나 서점에 가서 관련 도서를 찾고 읽어 보거나 그것을 잘 하고 있는 사례의 사람이나 장소를 찾아가서 보고 문의를 하고 직접 파악하는 일은 쉽게 하지 않는다. 가서 보고 몸으로 부딪혀서 직접 얻은 경험은 흔히 쉽게 할 수 있는 일과는 비교할 수 없다. 물론 여건 상 되지 않을 때도 많다. 무조건 할 수 있는 일도 손쉽게만 얻고 있지 는 않은지 돌아보자. 쉽게 얻은 정보는 그만큼 기억에 오래 남지 않 고 쉽게 내 머릿속에서 떠난다. 몸을 힘들게 하라는 그것은 무리해서 육체를 지치게 하라는 의미는 아니다. 습관처럼 할 수 있는 일도 그 냥 지나치고 있는 것은 아닌지 오늘의 삶에서 내가 실행한 것은 무엇 이 있는지 돌아보자.

1%의 가능성만
있어도 도전하라

인생은 내가 되고 싶은 나를 끊임없이 연구하고 관찰하며 찾아
가는 과정이다. 그 속에서 진학, 취업, 결혼과 같은 선택부터 어떤 옷
을 입고 나갈지 점심 메뉴는 무엇으로 할지 어떤 영화를 볼지와 같은
일상까지 끊임없는 선택을 한다. 선택은 가능성이라는 것을 전제하
고 있다. 도전하면 대단한 결과를 얻을 수 있을 것 같지만 꼭 그렇지
만도 않다. 내가 스스로 정한 가능성이라는 범위를 깨는 선택은 크게
없기 때문이다.

교육원에서 진행하는 강사 양성과정 첫날 과제는 내가 생각하는
나의 강점과 다른 사람에게서 들어보는 나의 강점 알아보기이다. 이
때 강점은 지금 내가 완벽하게 잘하고 있는 것 외에도 예전에 잘했던

것이나 앞으로 잘하고 싶은 것도 포함한다. 강사란 타인의 강점을 찾아내고 일으켜 인정해주고 칭찬하는 사람이다. 본인의 강점에 관해 이야기를 나누어 보는 것은 나의 강점을 끌어내지 못하는 사람이 다른 이를 일으킨다는 것은 불가능하기 때문이다. 강사 양성과정을 통해 처음 만나는 사람들이 모이면 오히려 더 편안하게 이야기를 나누어 볼 수 있다. 서로의 강점에 대해 나누고 내가 바라보고 있는 현재의 나와 다른 이에게 전해 듣는 이야기를 통해서 드는 감정들을 표출해 본다. 강점이 장점과 다른 것은 다른 사람들보다 더 우세하다는 의미가 있다. 그러므로 일반적으로 다른 사람보다 뛰어난 것으로 생각해서 강점이 무엇인지 표현하는 것을 어색하게 느낄 수 있다.

배드민턴 아마추어 대회에서 수상을 한 사람이 있다. 배드민턴을 제대로 쳐 본 적이 없는 나 같은 일반인 사이에는 배드민턴 실력이 그 사람의 강점이 될 수 있고 배드민턴 프로선수들이 모인 곳에 가면 별것 아닌 것이 되기도 한다. 강점을 찾고 발전시켜 주되 약점 중에서도 강점을 찾고 이끌어 내어주는 것이 강사의 역량이다. 가능성을 인정받지 못하던 사람이 인정을 받게 될 때 스스로 하고자 하는 마음이 일어나고 일시적이 아닌 삶의 변화를 가질 수 있다. 잘 못하는 것을 고쳐서 잘 하게 하는 것이 아니라 스스로 판단할 힘을 주는 것이 필요하다.

인상 깊었던 작품이 있다. 한 화가가 정장을 차려입고 이젤 앞에 앉아서 그림을 그리고 있다. 화가는 그릴 사물을 보기 위해 고개를 돌려 테이블을 바라본다. 그 테이블 위에는 부화하지 않은 알이 놓여 있다. 정작 그림을 그리고 있는 캔버스에는 알이 아닌 날갯짓을 하는 새가 그려져 있다. 이 작품은 르네 마그리트가 그린 자화상이다. 이 작품을 보며 난 가슴이 뛰었다. 가능하다고 여기는 것 외에도 무수히 보이지 않는 가능성이 존재한다. 내가 보는 아주 일부의 가능성으로 나 또는 다른 사람을 평가하거나 포기해서는 안 된다.

책 만들기로 진행하고 있는 지원 사업들은 보통 수업이 끝나고 책이 출판되면 전시회를 한다. 초등학생들을 대상으로 한 수업이 작은 도서관에서 진행하게 되었다. 전시하기에는 공간이 협소하여 전시 관련 회의를 한 즈음에 수업을 진행하는 강사님이 전시공간대여 공고가 있음을 알려왔다. 한 공공기관이 새 청사를 개관하고 전시공간을 대여한다는 것이다. 바로 전화를 해서 알아보니 공간대여는 심사 기준에 따라 선정되어야 가능한 부분이고 월 1팀을 운영하기에 벌써 올해 12월까지는 예약이 다 차 있어서 불가능하다는 대답이었다. 불가능하다는 말에 전화를 끊을 법도 하지만 정부 지원을 받아 초등학생들이 작가가 되어 책을 출판하는 수업을 진행 중이고 전시는 해당 학생들뿐 아니라 관람하는 시민들에게도 귀감이 될 것이라는 취지를 알리며 가능한 방법을 알고 싶다고 했다. 담당자는 전시공간은 아니지만 옆에 전시할 수 있는 자리를 내어주겠다고 했다. 또 다른 전시를 기획하면서 한 아트센터에 대여를 문의하는데 우리가 사용하고자 하는 것은 1일인데 무조건 1주일 단위로 대관할 수 있다는 것이다. 우리가 왜 하루밖에 사용하지 못하는 것인가에 대한 설명과 꼭 그 장소가 필요한 것에 대한 목적을 알리니 서류를 작성해서 보내달라고 대답을 해왔다.

　미국에서 남편이 운전하고 내가 보조석에 타고 가고 있었다. 낯선 길이라서 급하게 진행 방향을 바꾸게 되어 제일 가장자리 차선에서 우회전해야 하는 것을 어기고 말았다. 4차선 중 3차선에서 우회전을 한 것이다. 바로 그 순간 어디선가 사이렌 소리가 울려왔고 경찰이 우리를 쫓아오며 차를 세우라고 했다. 남편은 평소 아주 철저하게 법규를 지키는 편이다. 정말 길을 헤매던 중에 어쩌다 순간적으로 일어난 일이라 억울하기도 했다. 무언가 설명을 하고 싶었지만, 경찰은 No excuse만 외치며 아예 말할 기회조차 주지 않았다. 몇십만 원이나 되는 벌금을 그냥 내고 만다고 여기기에는 부담스러웠다. 벌금을 내기 전에 변론할 기회가 있는데 기관을 찾아가서 상황에 대해 자세하게 설명했던 기억이 있다.

　할 수 없는 일이라 할지라도 할 방법을 찾는 것에 집중했다. 머리를 싸매고 여러 가지 가능성에 대한 안을 내어보기도 하고 실질적으로 할 수 있는 정보를 찾기도 했다. 문의할 곳이 생기면 원칙을 안내받고 불가능한 부분이라도 가능한 점이 없을지 재확인한다. 도전이라 하면 거창하고 색다른 일의 시도라고 생각하기 쉽지만, 일상 속에서도 마찬가지다. 보이는 가능성에 포기하지 말고 가능성을 높일 방법을 찾아보는 행동습관 기르기다. 생각만큼 부담스럽거나 긴 시간이 소요되지 않으며 그것이 받아들여지지 않는다고 해도 원래대로 되니 손해는 없다.

캘리그라피를 배운다. 그림과 다양한 예술 활동을 접해 본 경험으로 막연히 하면 될 것으로 생각했다. 오래전부터 해보고 싶었으나 이런저런 이유로 실행하지 못하고 있던 터라 기다리던 첫 수업 날이 되었다. 생각보다 잘 안 되었다. 이미 마음은 거창한 장문의 글을 디자인 하고 싶었지만, 기초를 익히며 진행되는 수업이 마음 같지 않았다. 한 주 한 주 지날 때마다 되는지 의심스러웠고 어떤 날은 오히려 전날보다 잘 안 써지기도 했다. 그렇게 제법 시간이 지났고 어제보다 나아진 것이 크게 없다고 생각할 때쯤 처음의 작품을 마주하고 보니 분명 성장해 있었다. 보고 쓰는 것 외에 창작은 불가능하게 느껴졌던 내가 이제 책을 읽다가도 마음에 드는 문장을 써보기도 한다. 하루는 다음날 수업을 앞두고 수강생 이름을 넣은 환영 문구를 쓰다가 단순하고 반복되는 짧은 글이 마음에 차지 않아 3시간 넘게 다시 쓰기를 반복했다. 겨우 완성했지만, 이제는 그 문구는 아주 쉽게 쓸 수 있게 되었다.

가능성은 나의 판단이다. 내가 판단한 가능성으로 쉽게 결정하지 말자. 불가능 혹은 가능성이 낮은 일에 도전해서 이루어 냈을 때 위대한 발견을 통한 발전이 이루어졌다. 인류발전에 이바지했던 인물들을 보며, 나도 저러한 삶을 살 것이라고 생각하는 이는 많지 않다. 이미 할 수 없다고 단정 지은 일은 결국 할 수 없게 된다. 먼저 가능성으로 판단하고 그냥 포기해 버린다.

'할 수 있다'와 '할 수 없다' 중에 먼저 '할 수 있다'를 선택한 후 그 다음 가능성이 큰지 작은지를 파악하면 된다. 할 수 있을 것을 전제로 한다면 방법을 달리하거나 인력이나 도구를 활용할 수도 있고 가능성을 높이기 위해 애를 쓰며 결국 성공에 가까운 결과에 도달하게 된다. 가능성이 낮은 일도 무조건 다 하라는 것이 아니다. 가능성이 큰 일을 매진하는 것이 틀리지 않는다. 가능성이 작다고 해서 하고 싶은 일을 해보지도 않고 포기하지는 말자. 1% 가능성이라 할지라도 지금 내 가슴이 뜨겁다면 시작해보자.

매일 행동하라

행동을 많이 하기 위해서는 꾸준함과 지속성이 필요하다. 아침에 일찍 일어나면 하루가 길어지는 것은 당연지사다. 그 시간을 활용하여 행동을 더 할 수 있는 만큼의 시간을 버는 셈이다. 매일 8시에 일어나던 사람이 마음먹고 어떤 날에 5시에 일어났다 하더라도 마음먹은 단 하루의 이른 기상보다 꾸준히 7시에 일어나는 것이 훨씬 유리하다. 정리를 잘 하지 않던 사람이 날을 잡고 대청소를 하는 것도 좋지만 그것을 매일 유지하는 것이 더 필요하다.

매일의 행동을 위해서는 내가 하루에 어떤 일과를 보내고 있는지 한정된 나의 시간을 통해 내가 하고 싶은 일은 무엇이 있는지 나를 파악하는 것이 필요하다. 많은 일정으로 하루의 일과가 늘 달랐다. 항상 쫓기듯 생활했고 많은 실행을 하는 듯했으나 불필요한 반복된 행동들도 많았다. 생각과 환경의 정리가 필요했다. 결단해야만 했다. 고속도로에서 100km로 주행을 하고 있다. 차에서 소리가 나면서 무언가의 신호를 보낸다. 약속 시각을 맞추기 위해 그 속도를 유지해서 가야 하지만 그대로 뒀다가는 어떠한 일이 닥칠지 알 수 없는 상황이다.

딱 나의 상황이 이러했다. 많은 스케줄을 진행하고 제법 일의 속도가 붙어 있지만, 몸과 마음이 멈추라는 신호를 지속해서 보내왔다. 난 갈 길이 바쁘다며 알고도 무시한 채 달려왔지만 결국 이대로는 앞을 예측할 수 없는 위험요소가 있다고 보고 과감히 결단했다.

돌아보니 혼자서 모든 업무를 지나치게 하고 있었다. 해야 할 일을 추려내고 그중에서도 현재 상황을 고려하여 다른 사람에게 맡길 일을 구분했다. 시간이 있어야 무엇이든 가능하겠다는 판단을 하고 과감히 강의를 교육원 소속 강사님들께 전임시켰다. 수입 중에 강사비가 많은 부분을 차지하고 있었기 때문에 결정하기도 쉽지 않았고 처음 한 달은 막연한 불안함 가운데 보냈다. 그렇게 시간을 억지로 내어 삶과 사업에 대한 정체성에 대해 깊이 있게 모색하게 되었다.

두 달이 지났을까 수입이 없어질까 두려웠던 마음은 아직 길고 긴 나의 인생에 있어서 딱 1년만 투자해보자는 마음으로 바뀌게 되었다. 돈을 벌라고 떠민 적도 없었던 남편에게 괜한 내 마음으로 1년만 나에게 시간을 투자하겠다고 선언을 하고 그제야 마음이 조금씩 자유롭기 시작했다. 강의만 안 갈 뿐이지 여전히 업무는 많았다. 단 한 가지 강의를 위해 정신없이 다니던 스케줄에 비해 사무실에서 업무시간을 보내게 되었다. 사용하게 되는 업무시간을 규칙을 정해야겠다고 결심을 했다. 먼저 일과를 빠짐없이 기록했다. 기상시간부터 오전 오후 근무시간 내에 한 일, 식사시간, 일을 마치고 잠자리에 들기 전까지의 눈을 뜨고 생활하고 있는 모든 일을 써보기 시작했다.

일주일 동안 작성한 것을 토대로 나에게 실행 가능한 스케줄 표를 작성하기로 한다. 먼저 규칙을 정해야 했다. 해도 되고 안 해도 되는 것이 아니라 꼭 지킬 수 있도록 최소한으로 시작하는 것이 중요하다. 먼저 기상시간과 취침시간, 식사시간과 같이 아주 기본적인 것부터 시간을 정하고 지키기로 했다.

아침형 인간이지 못한 나에게 이른 기상은 늘 부담이었다. 그것을 잘 알기 때문에 그동안 바쁘게 일을 하면서 늘 밤을 새워서 일했고 다음날은 피곤한 가운데 보내기 일쑤였다. 기상시간 패턴을 분석해보니 마음먹고 어쩌다 힘들게 일찍 일어난 날 외에는 늘 알람을 지키지 못한 불편한 마음을 가지고 기상을 했다. 산 정상을 오르는 것을 목표로 해서 가지 못하는 그것보다 동네 약수터라도 다녀오는 편이 낫다. 기상시간에 적용한 규칙은 어제보다 일찍 일어나기이다. 오늘 7시 30분에 일어났으면 내일은 1분이라도 오늘보다 일찍 일어나는 것을 원칙으로 한다. 5분 10분 일찍 일어나던 것이 그렇게 지금은 5시에 일어나고 있다.

반면 취침시간은 12시 전으로 고정을 했다. 새벽이면 더욱 컨디션이 좋아질 정도로 늦게 자는 것에 대한 부담은 없었으나 점점 다음날이 힘들어지므로 하던 일을 제쳐두고 정해진 시간이 되면 아이의 문제만 아니라면 잠자리에 들기로 했다. 누워도 잠이 오지 않는 괴로운 날이 많았다. 몇 시간을 뒤척이더라도 규칙을 지키고자 애를 썼다. 이제는 뒤척이지 않고 잘 잔다. 식사를 항상 거르거나 폭식을 하고 아침은 아예 먹지 않고 살았다. 불규칙한 식사습관으로 점점 배가 나오고 늘 속이 더부룩하며 불편했다.

하루 세끼 식사시간을 규칙으로 했다. 제때 먹지 않던 습관이 있어서 시간을 정하고 그 시간이면 과일 한 쪽이나 우유 한 잔이라도 먹는 의식을 치르기 시작했다. 이 사소한 매일의 행동이 삶을 변화시키기에 충분했다. 중요한 것은 일시적인 변화는 의미가 없다. 세수하고 밖을 나가는 것과 같이 의식하지 않아도 당연시될 때까지 내가 알아차리지 않아도 행동할 때까지 되는 것이 중요하다. 그것을 실행하기 위해 더는 노력하지 않아도 되기 때문이다. 그러면 실행해야 할 한 가지의 행동을 의식 속에서 완벽하게 지울 수 있고 그 시간은 다른 행동을 위한 시간으로 사용하게 된다.

삶의 변화를 생각하면 거창한 것에서 찾기 쉽지만 그렇지 않다. 매일 하는 사소한 행동을 통해 변화한다. 3시간이 앞당겨진 기상시간은 나에게 없던 시간을 선물했다. 그 시간만큼은 무엇을 해도 좋다. 책을 읽을 수도 있고 글을 쓰거나 운동을 할 수도 있고 무엇이든 가능하다. 하고 싶은 것을 하고도 원래 기상시간밖에 되지 않은 것을 보며 행복감으로 하루를 시작하게 된다. 고정적인 취침시간을 통해 합리적인 수면시간을 유지할 수 있고 매 끼니의 식사는 일의 능률을 오르게 했다. 이런 시간의 활용에 대한 자신감은 업무에도 적용할 수 있어 가벼운 마음으로 많은 일을 처리할 수 있게 되었다.

　기본적인 생활을 지키게 된 뒤에 정한 것이 리스트 체크하기이다. 하고 싶거나 해야 할 일을 정하고 매일의 행동을 체크하는 것이다. 하루 행동이라고 이름을 붙였다. 제일 처음 하루 행동으로 정하여 실천한 것은 물 5잔, 기도 3회, 성경 4장, 스트레칭 5회, 독서 1시간, 글쓰기 2시간, 블로그 1 포스팅이었다. 매일 체크할 수 있는 칸을 만들어 다이어리에 붙였다.

　처음 체크를 시작하고 일주일이 지나고 독서는 30분으로 줄이고 글쓰기와 블로그는 주 7회에서 주 5회로 조절했다. 한 달이 지나고 물 5잔과 기도 3회는 체크 하지 않아도 할 수 있는 매일의 행동으로 리스트에 제외하고 그 자리에는 하루 저축이 대신했다.

　주 단위의 행동 체크도 있는데 주 단위로 실행에 옮기는 것이 여건에 맞는 것이 해당한다. 감사문자와 감사선물을 일주일에 한 번씩하기 시작했다. 선물이라고 해서 거창한 것이 아니라 무더운 여름날에 아이스아메리카노와 같이 주고받는 사람 모두 마음 편할 수 있는 것을 말한다. 평소에 특별한 이유 없이 드리는 문자나 선물은 상대방에게 조건 없는 마음을 표현할 수 있다.

필요할 일이 있어 오랜만에 연락할 때면 소통도 없다가 말을 꺼내기 힘들 때가 있다. 평소에 연락 좀 할 걸 하는 마음이 들곤 하는데 사소한 주간 행동을 통해서 그런 일도 극복하게 된다.

5살 어린 아들은 유치원에 가기 전에 세수하지 않고 갈 때도 있다. 아직은 세수도 배워야 하는 단계이기 때문이다. 그런 행위들이 익숙해져서 의식하지 않아도 될 만큼 몸에 밸 때까지는 행동을 체크 하면 효과적이다.

일상에서 하고자 하는 것들을 실행에 옮기는 습관을 지니고 나니 빠르게 많은 일을 효과적으로 처리하게 되었다. 이제 새로운 도전에 대한 행동규칙을 정하고 있다. 하루 행동을 통해 행동력을 높이게 되면 하고 싶은 일을 행동할 수 있는 효과적인 나만의 방법을 찾을 수 있고 할 수 있다는 용기를 가지게 된다.

행동력에 대해 고민을 하는 사람이라면 거창한 일의 도전이 아닌 매일의 삶을 분석하고 매일 해야 할 행동들을 규칙을 정하고 꾸준히 해보길 권하고 싶다.

빨간 불에는 서고 초록 불에는 가는 유치원생도 알고 있는 쉬운 규칙이지만 왜 지키지 않는걸까? 규칙을 알고도 지키지 못하는 때는 어떠한 노력을 하면 좋을까? 할 수밖에 없는 작은 미션들을 함께 수행하는 방법을 사용했다.

디스크로 고생하는 몸을 위해 무수히 실패했던 거창한 운동 계획

대신 스트레칭을 하루에 5번 하기로 했다. 하루가 지나고 리스트를 체크를 할 때면 그제야 하루 동안 이 작은 행동을 하지 않은 나 자신과 마주하기 바빴다.

그래서 정한 것이 화장실을 갈 때는 스트레칭을 한다는 미션을 걸었다. 하루에 무조건 화장실은 가게 되어 있다. 물 5잔은 일어나서 바로 마시는 한 잔을 제하고 나면 4잔이 남는데 오전에 2잔 오후에 2잔을 마시면 하루 행동이 달성된다. 이렇게 쉬운 규칙이 어디에 있겠는가 싶지만 일에 집중하다 보면 온종일 물 한 잔 제대로 마시지 않을 때가 많았다. 출근해서 자리에 앉을 때는 물을 3잔 한꺼번에 떠서 책상 위에 올려두는 미션을 수행했다. 보이는 곳에 있는 잔의 물을 무의식적으로 마시게 되어 횟수를 초과 달성할 수 있게 되었다.

"고기도 먹어본 사람이 많이 먹는다"라는 속담이 있다. 무슨 일이든 하던 사람이 잘 한다는 말이다. 행동도 꾸준히 하다 보면 많은 행동을 할 요령과 방법을 익히게 된다. 매일 실행하는 하루 행동의 리스트를 만들어 점검해보자. 하루하루가 30여 일이 모여 한 달이 되고 그달들이 모여 일 년이 되는 것을 기억하자.

chapter **5**

행동하는 습관들이기

좋은 생활습관 기르기부터 공부습관,
독서습관과 같이 많은 습관을 들이는 것에 대해 학습을 하며 살아왔다.
습관은 자동화된 수행을 말하는데 주목할 점은 습득된 결과라는 점이다.
즉 선천적으로 그러한 것이 아니라
배워서 가능하게 된 일이다.
행동하는 것 또한 배우면 습관처럼 자동화된 수행이 가능하다.

눈을 뜨면
바로 일어나라

하루에 5분 일찍 일어난다고 가정해보자. 하루의 5분은 월 약 2.5
시간 일 년에 약 30시간이 된다. 하루 이상의 여유 시간이 생기는 셈
이다. 시간이 없어서 못 한다는 말을 많이 하고 산다. 시간이 있을 때
무엇을 할 수 있는 것이 아니라 시간을 내서 해야 한다. 시간 나면 하
지라고 생각하면 이런저런 일에 치여서 할 수 없다.

성공한 사람들이 아침시간이 중요하다고 하는 것에 공감은 하나
절대 넘을 수 없는 장벽만 같았다. 할 수 없는 일을 열심히 하는 것
과 같이 어리석은 것도 없다. 마치 지키지 못할 알람을 수도 없이 맞
추고 다음날이 되면 열심히 끄는 나의 모습은 어리석기 짝이 없었
다. 아침시간을 제대로 활용하지 못할 뿐 아니라 하루의 시작인 아침
부터 나와의 약속을 지키지 못하고 시작하게 되어 기분도 좋지 않게

된다.

눈을 뜨면 바로 일어나지 못하는 이유는 뭘까? 전날 늦은 취침으로 수면시간이 턱없이 부족하다. 아침시간에 일어나는 것은 힘들다고 고정관념이 깊이 자리하고 있다. 일어나야만 할 간절함이 없다. 돌아보니 이러한 이유가 있었다. 왜 실천하지 못하는지 파악한 원인을 토대로 다시 실천했다. 일찍 일어나더라도 최소한의 수면시간이 보장되도록 전날 취침시간을 일정하게 정한다. 자기 전에 자신에게 소리 내어 내일 몇 시에 일어날 것을 몇 차례 이야기해 준다. 아침시간에 해야 할 일을 정하고 그 시간이 아니면 하지 않도록 한다. 즉 그 시간이 아니면 못하게 된다. 이미 정해진 일상을 살면서 몇 시에 일어나든지 간에 아무 탈 없이 잘 생활하고 있었다. 그래서 일찍 꼭 일어나야 하는 것에 대한 명백한 기준은 없었다. 어떠한 일을 그 시간이 아니면 처리하지 못한다고 하면 일어나야 할 이유가 분명히 생기게 된다. 이때 흥미를 느끼고 발전적인 일을 설정하면 도움이 된다.

최근에 글쓰기를 하며 함께 책을 읽는 시간이 나의 힐링 시간이다. 너무 재미있어서 시간 가는 줄 모를 때가 많다. 이 즐거움을 아침시간으로 옮겼다. 새벽에 일어나지 못하면 하루 중 다른 시간에 하지 않았다. 하고 싶고 시간을 내서 할 수도 있지만 하지 않았다. 꼭 하고 싶고 해야만 하는 일을 이른 아침시간에 할 일로 정해보자.

5시에 일어나면 책을 읽는다. 새벽을 엄청난 노력으로 깨운 입장이라 사소하게 낭비되는 시간을 허락하지 않는 편이다. 그 전날 무슨 책을 읽을지 골라두게 되는데 책을 읽기 위해 선택하는 시간도 줄여서 온전히 사용하도록 하기 위함이다. 일어나면 생각할 것 없이 골라둔 책을 읽으면서 정신을 차려 나간다.

책을 읽는 것과 함께하는 것이 글쓰기다. 무엇이든 글을 쓴다. 책을 읽다가 번득 스치는 생각을 메모하며 시작하기도 하고 주로 나의 이야기를 쓰면서 일기 형식이 아닌 수필의 형식으로 작성한다. 메시지를 담는 것은 나의 행동을 정리해 보기도 하고 그것을 통한 의미를 찾아내기 위함이다. 많은 행동을 잘 해내는 것에 관심이 많은 나에게 의미를 정리하고 분석하는 것은 흥미로운 일이다. 여러 가지 행동을 잘 하기 위해서는 의미가 없는 일은 줄이고 의미를 통해 발전된 방향으로 나아갈 수 있는 행동은 지속해서 유지할 수 있도록 한다.

우선 생각나는 대로 글을 쓰되, 글을 다시 읽지 않고 계속 쓰는 것이 중요하다. 글을 읽으면서 쓰다 보면 수정하게 되는데 잘 쓰기 위한 노력은 글쓰기에 대한 부담으로 다가와서 지속하기 힘들다. 지워버린 글은 당장에는 맞지 않을 수 있지만 필요한 부분일 수도 있다. 무작정 있었던 일을 써나가고 그 일에 대한 느낌을 정리해보는 방식으로 한다. 문화예술 교육업에 종사하고 있어서 관련 아이디어 회의를 하기도 한다. 물론 혼자다. 새로운 아이디어를 나열하고 관련 키워드를 정리해본다. 실제로 기획을 할 때 나 홀로 아이디어 회의를 할 때 메모했던 아이디어들을 많이 활용하는 편이다. 나의 새벽 시간 활용은 혼자 웃기도 하고 울며 자신을 위로하기도 하고 유레카를 외치며 기뻐하기도 한다. 오로지 나만의 소리를 듣는 음악감상 시간이기도 하고 나를 비워내는 청소시간이기도 하다.

일찍 깨니 아침식사를 챙기게 되었다. 일찍 일어나고부터 생긴 긍정적인 변화 중에서도 놀라운 변화이다. 사회생활을 시작하고 특별한 날이 아니면 아침을 챙겨 먹어 본 기억은 크게 없다. 아침은 시간에 쫓기기도 하고 일어나자마자 크게 입맛이 돌지 않은 상태라 끼니를 챙기고 싶은 욕구가 없어 아침식사는 늘 건너뛰었다. 일찍 일어나다 보니 시간적인 여유도 있고, 기상하고 시간을 제법 보내고 나니 배가 고파졌다.

아이에게도 좋은 아침시간을 선물하게 되었다. 출근준비를 하면서 아들의 유치원 등원 준비를 같이하니 정신이 없었다. 아이가 잠에서 깰 때 편안하게 스스로 일어날 수 있도록 돕고 스킨십을 통해 기분 좋게 시작할 수 있도록 하고 싶으나 여유 없는 아침시간은 아이를 잠에서 깨우는 것이 급했다.

아이를 잘 배려하고 싶은 마음에 침착한 말투를 유지하려고 노력했지만 "빨리하자, 늦어서 지금은 안 된다"와 같은 말을 입에 달고 서둘러 정신없이 챙기기에 바빴다. 기관을 다니게 되면서 아이에게 부모와 보내는 시간은 아침과 저녁 시간이다. 그 귀한 시간을 정신없이 전쟁처럼 느끼게 되는 것이 항상 안타까웠다.

기상시간을 당기니 훨씬 여유로워져 스킨십으로 편안하게 아이의 기상을 돕게 되었다. 아침식사도 대화를 나누며 하게 되었고 즐거운 마음으로 하루의 시작을 할 수 있게 되었다. 바쁜 시간에 쫓겨 엄마의 일을 위해 유치원에 가야만 하는 것이 아니라 행복한 아침시간을 함께 보내고 시간에 맞춰 유치원으로 향하는 발걸음은 하루를 시작하는 아이에게도 큰 변화이다.

이른 시간의 장점은 몰입이 잘된다는 점이다. 새벽시간에는 휴대전화가 울릴 일이 없다. 나에게 말을 걸어오는 이도 없다. 자녀가 있다면 아이들에게 신경쓸 일도 없다.

어떠한 주변의 소음과 시각적인 자극에도 자유할 수 있는 시간이다. 오감으로 여러 가지 자극에 영향을 받고 산다. 미처 의식하지 못했지만, 낮에 생활하는 동안은 어떠한 것에 자연스레 시선이 뺏기기도 쉽고 각종 소리에 민감하기도 하다. 새벽 시간에는 이러한 방해꾼들을 만날 일이 현저히 적다. 집중하고 처리해야 하는 일이나 방해받고 싶지 않은 시간을 보내고 싶은 것이 있다면 적극적으로 아침시간을 활용해보자.

새벽 시간에는 하루 중 가장 긴 휴식시간인 취침시간으로부터 시작이다. 몸과 마음이 휴식하고 난 뒤에 처음 하는 활동시간이기 때문에 맑은 신체와 정신으로 창의적인 일에 효과적이다. 하루를 보내고 여러 가지 일을 겪으며 스트레스를 받거나 지친 몸과 마주한 상태에서 창의적인 발상을 하기란 쉽지 않다. 장시간 회의를 하다가 쉬었다가 하는 것, 워크숍을 색다른 곳으로 떠나서 진행하는 것과 같은 이유다. 업무적으로 창의적인 일을 할 때도 해당하겠지만 일반적인 모두에게도 해당할 수 있다. 창의성과 멀다고 느끼기 쉽지만 그렇지 않다. 사람은 누구나 자신만의 생각으로 본인의 길을 창조하는 각자의 인생 디자이너다. 다양한 접근방식을 통해 자신만의 스타일을 참신하게 풀어내기 위해서는 새로운 아이디어가 필요하다. 정체성을 발견하기에도 마찬가지다. 지금의 나를 이해하고 다가올 나의 인생을 설계하기에 새벽 시간은 탁월하다.

이른 새벽의 기상은 선물이다. 일상에서 추가의 삶을 살 수 있도록 선물로 받은 시간이다. 뜻하지 않게 보너스를 받는다면 기분이 어떤가? 어디에 어떻게 사용할지 생각하는 것만으로 기쁘다. 하루를 시작하기 전 보너스와 같이 받은 시간을 경험해 본 사람만이 그 가치와 행복을 안다. 일찍 일어나야지 마음만 먹고 그 시간을 아직 활용해보지 못했다면 꼭 한 번 경험해 보기 바란다. 나와 같이 지독한 저녁형 인간도 아침형 인간으로 바꿀 만큼 아침시간의 가치는 충분하다. 아침에 눈을 뜨면 바로 일어나라.

먼저 행동하고
계획을 세워라

우선순위를 정하는 것은 행동하는 데 있어서 중요한 문제다. 철저한 계획은 행동을 뒷받침할 수 있으나 계획만 반복하여 세우는 것은 지치기 쉬운 습관이다.

다른 지역으로 강의를 가기 위해 운전을 하고 가는 길이었다. 지역 내 진로체험 센터에 실장님으로부터 전화가 왔다. 중학교에서 직업인 특강을 계획하는데 특강이 가능한지, 다른 직업인들 소개가 가능할지 물어왔다. 가능하다는 대답을 하고 운전을 하는 터라 일정을 문자로 남겨달라고 요청을 하며 짧은 통화를 마쳤다. 학생들에게 뜬구름 잡는 이야기가 아닌 실제로 직업을 가지고 있는 사람과 소통의 자리를 마련한다는 생각에 설레기 시작했다. 막상 사무실에 앉아서 기획하려니 설렘보다는 걱정이 되었다. 10명 이상 직업인 구성이 필요했고 특별한 정해진 것도 없었다. 짧은 걱정을 뒤로하고 기획 작업에 돌입했다. 우선 학생들이 선호하는 직업을 조사하고 다양한 영역의 직업으로 리스트를 정리했다.

그러다가 문득 사회적 성공을 거둔 사람이라 하더라도 잘 알지 못하는 사람과 함께하는 것이 어떨까 하는 생각이 스친다. 내가 알고 있는 전문가 중에서 부탁을 드려봐야겠다고 결심을 했다.

잠깐의 특강이지만 한 아이의 인생을 바꿀 수도 있는 것이 교육의 힘이다. 그 힘은 지식보다는 지식을 바탕으로 한 진심에서 크게 발휘되는 법이라 믿는다. 본인의 일에 전문가적 자질을 갖추는 실력은 물론이고 아이들에게 진정성 있게 다가갈 수 있는 마음을 가지신 분들로 리스트를 작성했다.

일은 그때부터 시작이었다. 그분들에게 섭외요청을 드려야 하는데 최소한의 비용의 교육 기부로 협조를 드리려니 혹여 불편하지는 않을까 마음이 콩닥거렸다. 거절해도 당연하다 마음을 먹지만 한편으로는 안 되면 어떻게 하지라는 마음이 존재했나 보다. 한 분 한 분과 조심스레 통화를 시작하다가 이내 감사함이 넘치게 올라왔다.

총 13명과 통화를 했는데 개인적인 사유로 한 분을 제외하고는 너무도 흔쾌히 수락을 해주었다. 연극을 하는 한 대표님은 본인 수업 일정과 겹쳐서 다른 전문가를 소개해 주었고 해외 출장이 잡힐 수도 있다는 기자님은 혹 그렇게 되면 다른 기자를 통해서라도 지장이 없게 하겠다고 했다. 다른 지역에 있는 작가님은 지역 내 직업인 소개를 부탁드리려고 했던 전화에 흔쾌히 본인이 하겠다고 해서 순간 당황스럽기도 했다. 그 밖에 많은 분이 본인에게 좋은 기회를 주어 감사하다고까지 하셨다.

준비하면서 잠시나마 대가도 없는 일에 시간을 쏟는 것이 옳으냐는 생각을 했던 것이 무색했다. 채 1시간이 되지 않아 10명이 넘는 전문가 인원이 전화 통화로 구성됐다. 가슴이 벅찼다. 준비하는 중간에도 특강을 하는 당일 아침까지도 참여 직업인들이 불편함이 없으면 좋겠고 해당 아이들과 학교에도 좋은 시간이 되었으면 하는 생각에 마음을 많이 졸였다. 계획을 세우고 수락한 일은 아니었으나 많은 감사와 의미를 남기며 탈 없이 진행되어 마무리되었다.

직업인 특강에서 내가 맡은 강의는 문화예술기획자라는 직업에 대해서이다. 평소에 많이 접하는 다른 직업보다는 다소 생소할 수도 있고 중학생이 접하기에는 어려울 수 있다고 판단했다.

어떻게 하면 문화예술기획자라는 직업을 학생들에게 즐겁게 소개할 수 있을까에 대한 고민을 담아 준비했다. 실제로 어디에서나 접할 수 있는 정보는 아무리 명확하고 좋은 이야기라고 하더라도 학생들의 몰입을 끌어내지 못할 때가 많다. 나만의 에피소드를 통해 내 이야기가 대단해서가 아니라 누구에게도 들을 수 없는 것에 대한 신선함과 진정성으로 집중이 된다. 에피소드에 하고자 하는 메시지를 담아 전달하는 방식이다.

직업인 특강을 마치고 실제로 많은 분이 나를 돌아보는 시간이 되었다고 말을 했다. 직업인으로서 그 직업을 잘 소개하기 위해서는 전문적인 지식보다 진정 내가 그것을 즐기고 있으며 당당할 수 있어야 한다. 꿈을 꾸라 말하지만 내가 생각하는 꿈은 행동으로 삶을 살아내는 것이다. 반복되는 일상을 한탄하면서 내 꿈은 뭘까 고민한다. 어떻게 하면 보다 나은 삶이 될 수 있을지에 대해 생각을 하며 계획을 세운다. 사실 지금 주어진 일을 잘 하지 못한 채 때가 되고 기회가 되면 잘 될 수 있을 것이라는 생각, 꿈을 찾아 이룰 수 있을 것이란 생각은 맞지 않는다. 지금 주어진 일상이 설령 고난이라 하더라도 그것은 꿈을 향해가는 나의 인생의 어디쯤이기 때문이다. 실패는 좌절을 주지만 그것을 극복하는 방법을 깨우치는 일이다. 누구나 각자만의 이루고자 하는 계획이 있다. 그것을 우리는 꿈이라고 부르기도 한다. 나 또한 터무니없는 큰 꿈을 꾸고 멋있고 거창한 계획들도 세운다.

그러나 일상에서 마주하는 지금 당장 주어진 일을 즐기려고 더욱 노력한다. 일하다 보면 하기 싫은 일도 많다. 현재 즐겁지 못하고 현재 내가 하는 일에 대한 만족이 없는 상태에서 큰 계획들을 이루기는 쉽지 않다. 지금은 꿈을 이루기 위해 가는 길목이다. 때로는 뛰어 보기도 하고 앉아 쉬기도 하고 가끔 돌아보며 온 길을 체크해보기도 한다. 갈림길이 있을 때 현명한 선택을 위해 고민하기도 하고 때로는 후회도 한다.

비가 오면 때마침 피할 수 있는 나무를 만나기도 하고 우산을 건네 오는 도움을 받기도 하겠지만 비를 오지 않게 할 수 없다. 비가 많이 오는 날에는 순수하게 우산만 들고 걸어온 어린 아들이나 조금이라도 피해 보겠다고 우산을 요령껏 잡고 온 나나 옷은 똑같이 젖었다. 비가 오면 맞아야 한다.

학교 진로부장 선생님과 이야기를 나누다 보니 요즘 학생들은 현실적인 꿈을 많이 꾼다고 했다. 꿈에 대해 마음껏 생각해야 할 학생들조차 한정적인 계획을 세운다. 인생은 돌아갈 수는 없다. 그 누구도 돌아갈 수 없다. 계획을 세우고 그에 맞는 행동만을 하는 것이 아니라 현재 할 수 있는 다양한 행동을 통해서 나에게 맞고 옳은 계획을 세워야 한다.

여행하면 관련 자료를 찾고 마치 여행사 일정처럼 스케줄을 짠다. 여러 해 전에 내가 사는 지역의 관광 정보를 검색해 본 적이 있다. 우리 지역 사람이라면 가 보지도 않을 그런 곳이 관광 정보로 검색되고 있었다. 그 이후로 막연히 정보들만 의존하면 안 되겠다는 마음을 먹었다. 세부계획은 일단 해당 장소로 가서 확인하며 세우곤 한다.

아침에 출근했는데 문득 눈에 보이는 것이 미니 화분의 식물이 키가 부쩍 자라 있었다. 물을 제때 주거나 신경을 쓰지 못했는데도 키가 두 배로 훌쩍 자라 있었다. 두 배나 크는 동안 제대로 봐 주지 못한 미안한 마음마저 들었다. 신경을 쓰지 않았는데도 잘 자라 있는 것이 고맙기도 했다. 성공을 판단하거나 계획을 할 때 상대적인 기준을 가지기 쉽다. 누군가가 지켜봐 주기를 바라는 마음, 인정해주기를 바라는 마음이 가득 차 있다. 작은 화분의 식물도 한 번쯤 자기를 봐주길 바랐을까? 보란 듯이 커 있으면 보라고 하지 않아도 신기한 마음으로 관심을 두게 된다.

세상은 내가 주목하라고 하지 않아도 집중할 일이 있으면 주목한다. 세상의 기준에 치우치고 있지는 않은지 세우고 있는 계획의 방향성을 잘 검토할 필요가 있다. 계획하기 이전에 나의 행동을 통해서 나만의 기준을 명확하게 세워야 한다.

나와 교육원에 관한 몇 차례 언론 보도가 된 자료들을 손쉬운 인터넷 검색을 통해 접할 수 있다. 만나러 오는 사람 중에 처음 만나지만 이미 나에 대한 파악을 다 하고 오는 사람들이 있다. 사람은 검증된 것, 안정적인 것을 하고 싶어 하는 경향이 많다. 실패는 두렵기 때문이다. 실패하지 않는 법이 있다. 끝까지 나만의 방식으로 해결방법을 찾아내는 거다. 과정에 무수히 많은 실패를 경험하겠지만 성공한 결과를 두고 실패라 하지 않는다. 또 다른 방법은 시작하지 않아도 실패는 없다. 어느 방법에 도전해 보겠는가? 성공적인 계획을 세우는 방법은 실패 없이 절대 해낼 수 없다. 아무 계획도 없이 무턱대고 행동을 하는 것을 말하지는 않는다. 계획 중에서 실제로 행동으로 하다 보면 예상과는 다른 것이 많다. 큰 방향을 설계했다면 세부적인 계획들은 행동으로 옮기면서 정하기로 해보자. 행동하다 보면 불필요한 행동들을 줄일 수 있고 계획의 단계에서도 실현까지 가능성이 큰 계획을 세울 요령들이 생긴다. 먼저 행동하고 계획을 세워라.

생각이 많을 때는
무조건 적어라

짐 정리를 하다 보니 몇 년째 제대로 쓰지 않는 물건들이 나온다. 뒤죽박죽 섞여버린 공간에서 그것이 있는지 잊었거나, 찾지 못해서 사용하지 못한 물건들이다. 쓸모없는 물건들도 있고 정리를 하지 않았다면 발견하지 못했을 반가운 물건들도 있다. 많은 생각들로 얽혀 있는 복잡한 머릿속도 이러하지 않을까? 진정으로 바라고 해야 하는 일들을 행동할 수 있도록 생각을 정리해 보자.

어린 시절 나는 생각에 그치는 소심한 아이였다. 하고 싶은 사람 손을 들라고 하면 망설이다 기회를 놓치고 돌아서서 할 걸 하고 후회했다. 마음은 있지만 내가 먼저 나서서 해도 되는지 고민했고 꼭 누군가가 먼저 권유해주기를 기다렸다. 학생 시절 교회에서 뮤지컬을 하는데 그 팀에 끼지 못한 채 한쪽에 앉아 있던 기억이 난다. 누군가가 해 보겠느냐고 말을 해주기만을 기다렸던 것 같다. 거절과 수락을 소신껏 하지 못한 경우도 많았다. 소심한 행동에 비해 생각은 아주 대담했다. 혼자 하는 생각은 아무런 제약이 없으므로 미처 해 보지 못해 서운했던 것을 떠올리며 마치 내가 했다면 어떤 모습일지 생생하게 그려보곤 했다.

그때 함께했던 행동이 낙서였다. 생각하며 끄적거리는 것을 수없이 반복하다 보니 내가 무슨 생각을 하고 있고 그 생각 속에서 내가 하고 싶은 욕구가 어떤 것인지 알 수 있었다. 많은 기회를 놓치고 보니 하고 싶은 것을 하지 못하는 일에는 후회가 생긴다는 것을 알게 되었다. 그 누구도 나에게 애써 기회를 주거나 내 마음을 알아준다는 것은 성장하고 사회인이 될수록 점점 더 불가능하다는 것 또한 알게 되었다.

생각이 많아서 행동으로 옮기지 못할 때가 많다. 잘 정리가 되어 있는 서랍장에서는 원하는 양말을 금세 찾을 수 있지만 쌓여 있는 옷감들 사이에서 찾으려면 시간과 수고가 몇 배가 된다. 무슨 일을 어떻게 해야 할지 많은 생각들 속에서 행동으로 옮기는 것도 마찬가지다. 생각을 잘 정리하고 나면 더욱 쉽게 해야 할 일들을 찾을 수 있다.

나의 생각 정리 방법은 무조건 적기이다. 아이디어를 구상할 때면 빠지지 않는 것이 펜과 종이다. 습관이 되어 이제 평소에도 아무 때나 무엇을 하든지 메모를 긁적이며 하는 버릇이 있다. 메모습관은 먼저 무엇이든 나열하여 다 쓰는 것으로 시작한다. 그거 뭐냐 할 정도의 것도 빠뜨리지 않고 쓰는 데는 이러한 이유가 있다. 먼저 평범한 두뇌를 가진 한 사람으로서 한 가지의 생각이 들어오면 그전의 생각을 밀어내곤 한다. 지금의 번뜩이는 생각이 잠시 다른 생각을 하는 사이 사라진다. 지금 하는 구상에는 맞지 않지만 언젠가 필요한 아이디어도 있다.

나열된 글들을 살펴보면 연결고리를 찾을 수 있다. 여러 가지의 안건 같지만 행동하는 데에는 공통분모들이 있다. 여러 개의 생각은 하나의 행동으로 해결될 때가 많이 있다. 마트에서 장을 볼 때 구매 리스트를 작성하고 동선에 따라 움직이면 훨씬 시간을 단축할 수 있다. 리스트 작성까지 하지 않는다고 해도 식품 코너에 가서 달걀을 사고 생활용품 코너에 가서 휴지를 산 후 다시 식품 코너에 가서 김을 사는 사람은 없다. 행동에도 카테고리와 동선이 존재한다. 나열하며 기재된 생각들을 주제별 일정별과 같이 본인의 편리에 맞춰 덩어리별로 분류하고 행동계획을 세워보자.

강의나 설교, 독서 후에 오는 메모들은 나열식으로 작성된 것을 정리 메모로 한 번 더 옮긴다. 단순 기록이 아닌 나에게 적용할 수 있는 사례로 만들어 써본다. 가령 읽은 책을 활용하여 나만의 메시지로 활용하여 강의 교안을 짜본다거나 강의를 통해 감명 받은 것을 나만의 방식으로 재해석하여 어디에 응용할지 찾아서 기록한다. 그것을 반복하다 보니 이제 한 번 더 옮겨 기록하기 전 첫 번째 메모에서도 대략으로 내가 응용할 포인트를 구분해서 메모할 수 있게 되었다. 몸이 행동에 맞춰져 있다는 것을 느낀다.

무조건 적기는 사람을 만날 때도 마찬가지다. 한 번에 체계적으로 정리하는 것이 아니라 앞서 말한 방식으로 나열하며 적어나간다. 경영학 박사님과 멘토링을 하게 되었다. 요즘 겪는 관계의 어려움에 대한 생각을 나눴다. 마음을 알아주는 것까지는 바라지 않으나 엉뚱한 행동을 하는 사람들을 보니 이건 아니다 싶은 생각을 하고 있었다. 교수님의 예시를 통한 현실적인 조언은 공감이 갔다. 멘토링을 하면서 마음에 와 닿는 것들을 무조건 적었다. 헤어진 후 다시 한 번 옮겨 적으며 정리를 했다. 이전부터 들어온 이야기지만 머리로만 이해하고 넘어갈 때보다 기록하고 적용방안까지 정리해보니 실천사항이 명확해진다.

아는 것은 아무런 의미가 없고 또 어떤 특정한 사람에게서 오는 앎이 그 사람의 메시지 그대로 존재하는 것 또한 나에게 충분한 의미가 되지 못한다고 생각한다. 나의 행동으로 옮겨질 때 완벽한 의미가 된다. 멘토링을 통해 적은 메모를 정리하며 그에 관련된 업무를 그날 처리하였다. 행동은 머릿속 생각으로 그치거나 타인의 의견을 들었던 것으로 끝나지 않고 나만의 의미로 존재하게 한다.

하루는 글을 쓰다가 이렇게 컴퓨터로 글을 써서 파일로 저장한다는 것이 그렇게 감사할 수 없었다. 손으로 직접 글을 쓴다면 같은 시간 내 이만큼의 분량을 쓰는 것은 아주 힘든 일이다. 쓰기에 편하고 심지어 지우고 다시 쓰는 것도 이렇게 편할 수 없지 않은가. 수고로움을 덜어주는 아주 감사한 존재 어쩌면 글쓰기를 가능하게 하는 존재이기도 하다. 손 글씨로 적는 것이 익숙하지 않거나 힘든 사람은 컴퓨터나 휴대폰을 활용해 봐도 좋겠다.

어떠한 기술을 열심히만 쓴다고 해서 되는 것이 아니다. 누군가 알아주기만을 바라고 있는 것은 어리석다. 좋은 품질로 개발된 상품도 찾아주는 고객이 있을 때 품질을 인정받을 수 있다. 잘 차려진 저녁상도 맛있게 먹어주는 사람이 있을 때 기쁨은 커진다. 생각도 그러하다. 구슬이 서 말이라도 꿰어야 보배라고 했다. 아무리 훌륭하고 좋은 생각과 계획들이라도 행동으로 옮길 때 그 가치는 더욱 더하게 된다.

짐을 정리하고 보니 그동안 고이 보관하던 물건들 속에서도 버려야 할 것들이 꽤 많았다. 보이지 않을 때는 알지 못하다가 꺼내고 보니 보게 된 것들이다. 머릿속에 존재하는 생각을 글로 적음으로써 시각화할 때보다 선명하게 보게 되는 것들이 생긴다. 생각이 많을 때는 무조건 적어라.

방법을
수치화하라

독실한 기독교 집안에서 태어나고 자랐다. 4대째 이어지는 신앙
이며 친가 외가 모두 같은 종교를 가지고 있다. 전해 듣기로는 할아
버지는 어려운 시대에 집에 있던 소를 팔아 교회의 종을 사서 시계가
흔치 않던 시절 마을 사람들에게 시간을 알리는 종을 치셨다고 했다.
사진에서나 추억할 수 있는 돌로 지어진 교회도 할아버지께서 직접
돌을 날라지었다고 했다. 할아버지는 유언으로도 신앙생활을 잘하고
화목할 것을 남기셨다.

기억도 가물가물한 취학 전 유치원생 정도의 나이에 있었던 일이
다. 아주 비가 많이 내려서 어른 종아리에 물이 찰랑거릴 정도의 일
요일 날에 아버지가 나를 업고 교회를 갔던 일이 아직도 생각이 난
다. 어린 딸이 빗물에 젖거나 위험한 상황이 올까 봐 본능적으로 대

처하는 아버지의 행동이다. 이처럼 의식하지 않아도 본능적으로 사람은 많은 행동을 하며 살아간다. 본능적 감각이 활발할 때는 아버지의 사랑처럼 조건 없는 상황일 때 그러하다. 실행하는 것을 중요하게 여기는 나는 본능적으로 하는 행동처럼 실행을 잘 할 수 있는 감각을 깨우는 방법에 대해 관심이 많다.

스스로 강사라고 깊이 있게 생각해 본 적은 없었다. 그저 내가 주어진 삶을 잘 살아내는 것으로 바빴다. 교육업에 종사하다 보니 수업을 진행할 일이 많았고 사람들은 나를 강사로 부르기도 했다. 제공하고자 하는 콘텐츠를 잘 전달하기 위해서 최선을 다했고 나의 경험을 바탕으로 제시하는 방법을 유지해왔다. 그렇게 내가 하고 싶은 말을 전달하다 보니 내가 하는 것이 강의였다.

다양한 연령대의 사람들을 만나서 수업할 기회를 만나다 보니 강의는 하고 싶은 말을 하는 것이 아니라 상대방이 듣고 싶은 말을 전달하는 것이라고 느꼈다. 즉 철저히 청중, 고객, 수강생과 같이 만나는 대상에 대한 이해를 바탕으로 소통과 공감을 해야 한다.

하루는 한 초등학교에 수업을 갔다가 황당한 감정으로 돌아온 일이 있었다. 수업을 진행하는데 10명 남짓한 3학년 한 반의 아이들이 전체적으로 산만하고 참여 의지가 없었다. 도저히 들으려고 하지 않았고 몇 명은 창문 난간에 매달려 있고 몇 명은 끊임없이 벌써 다했다고 소리쳐왔다.

돌아오는 길에 지인에게 전화를 해서 수업 분위기에 대해 불편함을 토로하며 운전을 해오다가 번뜩 아차 하는 마음이 들었다. 수업준비를 철저히 하는 데에 비해서 자주 하던 대상과 주제로 진행되는 수업이라 큰 준비 없이 학교에 갔던 내 모습이 떠오르며 '네가 무엇을 준비했느냐.'라는 질문을 스스로에게 했다. 아이들의 태도를 탓할 것이 아니라 책임은 수업을 진행한 나에게 있음을 잊은 채 잠시나마 불평불만을 했던 모습이 반성이 되었다.

다행히 수업이 같은 아이들과 몇 차례 더 진행되는 일정이라 해당 학생들을 생각하며 특이사항을 자료로 정리를 했다. 아이들을 변화시키는 것에 목적이 있는 것이 아니라 어떠한 강사의 행동으로 학생들의 태도에 영향을 미칠 수 있을 것인가에 대해 분석하기 시작했다. 새롭게 수업을 구상하고 준비를 해서 적용 후 차츰 변화하는 아이들의 모습을 발견하게 되었다. 아주 사소하게 일어나는 변화를 수치화하고, 생각으로 판단하고 준비하는 것이 아니라 정확한 분석을 통한 근거를 통해 더욱 자신감 있는 행동이 가능하게 된다.

운영하던 학원을 정리하며 다른 분께 학원을 인수인계하게 되었다. 미술을 전공했지만, 본인 작품 활동 정도로 이어오던 분이셨다. 대학교에 가는 자녀를 두고 갑자기 집안 형편이 어려워져서 일을 찾으니 마땅히 할 수 있는 것이 없었다고 한다. 크지 않은 금액을 가지고 국숫집을 하나 차려볼까 하던 터에 학원을 인계한다는 것을 알고 연락을 해온 것이다. 나이가 중요한 것은 아니다. 나이가 들어간다는 것은 그만큼의 삶의 경험이 쌓이는 것이기 때문에 존중해야 한다고 생각하나 나보다 훨씬 많은 나이에도 불구하고 억척스러웠던 나의 20대 생활에 비하면 마치 동화 속 공주님 같았다. 몇 차례나 방문하고 가족을 동행하기도 하며 고민 끝에 인수하기로 했다고 전해왔다.

학원은 나의 20대의 시간과 열정 눈물, 당시 마음으로는 나의 모든 것이었던 곳이다. 그런 학원을 정리하려니 진심으로 잘 운영되기를 바랐던 마음이 컸다. 몇 년간 성장시켜온 나만의 방침을 정리하기 시작했다. 머릿속에만 있는 것을 글로 정리하니 제법 분량이 많았다.

여러 가지 영역별로 주제를 나누어 정리하고 주제 안에 세부항목을 만들고 거기에 관련된 에피소드를 정리하여 분류했다. 컨설턴트라는 단어도 몰랐던 그때지만 지금 생각해보니 학원 운영을 위한 꽤 괜찮은 컨설팅이었다. 이유는 단 한 가지, 모든 내용은 내가 직접 경험한 것을 바탕으로 작성되었기 때문이다. 작성한 것을 프린트해서 하나하나 설명하기 시작했다. 물론 얼마큼 어떻게 받아들여졌는지 알 수 없지만 새로운 도전을 시작하는 분에게 몇 가지 팁은 되지 않았을까 싶다.

인계를 받는 분은 몇 차례 만남 동안 전달하는 이야기를 통해 연신 이 많은 일을 어떻게 했냐며 대단하다는 말을 해왔다. 마음 다해 한 일은 다른 누군가에게 작은 영향력을 줄 수도 있다는 것을 처음으로 느꼈다. 행동에도 사명이 있다고 느낀 후부터 별것 아닌 일에도 더욱 실행에 옮기는 삶에 주목해 왔다.

학원을 정리하면서 일일이 기록하다 보니 잘 운영할 수 있었던 데에는 여러 가지 노하우가 있었다. 글로 쓰다 보니 꽤 많은 분량이 되었는데 그것을 다시 영역별로 수치화하는 작업을 하며 간추리다 보니 처음에는 A4 3~4장의 분량이 되고 최종적으로 한 장으로 요약할 수 있었다. 나의 경험은 이미 나의 몸속에 존재하기 때문에 스스로 보기에는 어느 정도 분량이 되든지 상관이 없다.

다른 사람에게 설명하기 위해서 체계적인 자료가 필요했다. 수치화하는 것은 나와 함께 경험하지 않은 상대방에게 쉽게 이해하고 알 수 있게 정리하는 작업이다. 마치 프레젠테이션과 같다. 프레젠테이션에는 설득과 소통의 의미가 있다.

간단한 설명으로 이해가 된다면 잘 정리가 된 것이고 도무지 설명을 들어도 모른다고 하면 다시 한 번 검토의 필요가 있다. 굳이 어떠한 틀을 사용하라는 의미는 아니나 자신만의 양식으로 내가 행동한 것 중에 스스로 잘 해낸 사례를 찾아서 프레젠테이션을 준비해보자.

수치화하는 과정에서 잘 해낸 최종 행동 외에 많은 단계와 행동들을 발견할 수 있다. 하고 싶으나 몇 일째, 몇 달 혹은 몇 년째 미뤄지고 있는 행동도 똑같이 수치화하는 작업을 해보자. 하고자 하는 큰 주제 속에 계획으로 세웠던 많은 일을 나열하고 앞 사례와 반대로 하지 못한 것에 대한 에피소드를 기록해보자. 먼저 하고 싶은 행동을 하지 못하는 이유를 수치를 통해 찾자. 방해요소를 찾고 제거하는 것은 행동을 시작할 수 있는 계기가 된다.

미술학원을 운영할 때만 해도 수업 커리큘럼이나 재료와 관련된 교재를 제작하는 업체들이 많이 있었다. 새로운 콘텐츠가 무수히 쏟아져 나오다 보니 누구나 알 법한 대규모의 교육기업 외에는 많은 기업이 생겼다가 없어졌다 했다. 교육을 사업 아이템으로 삼고 있는 지금 그러한 상황이 충분히 이해가 갔다. 수익구조의 한계점에 대해 체감하는 와중에 교육 콘텐츠로 남다른 수익을 창출한 분을 사례발표 자리에서 만나게 되었다. 나와 같은 고객층의 구조를 가진 기업으로 불과 1년 만에 십억의 매출을 올린 기업이었다. 순간 머리를 한 대 맞은 기분이었다.

교육 시장에서 이런 매출이 가능하다는 말인가? 이후에 개인적인 만남의 기회가 있어서 이야기를 듣는데 하는 일이 나와 비슷했다. 다시 한 번 멍해졌다. 매출이 높으므로 막연히 나와는 다를 것이란 생각하고 있었는데 하는 일이 나와 비슷한 부분이 있다는 것이 충격적이었다. 나와 같은데 나와 다르다?

여러 가지 조언 중에 지원 사업들의 사업계획서를 철저히 써볼 것을 권유하셨다. 꼭 채택되는 것을 목표로 하지 않더라도 근거를 바탕으로 체계적인 정리를 통해 명확한 계획서를 작성해 보는 것은 사업을 객관적으로 바라보고 판단하는 데 많은 도움이 된다고 했다. 평가를 받아보는 것 또한 냉정한 판단을 거치게 되므로 무엇이 부족하고 보충되어야 할지 알 방법이라고 했다.

감사한 만남 후 망설이던 지원사업의 계획서를 그날 밤을 새워서 작성했다. 마감이 그다음 날까지였기 때문이다. 물론 작게는 한 달 길게는 몇 달 이상씩 사업계획서 작성을 위해 준비하는 사업에서 하루 만에 정리된 계획서가 통과될 일은 없으나 작성을 하며 실제로 고민하고 있던 여러 부분이 정리된 것만으로도 효과는 대단했다.

작년 초 나의 최대의 관심사는 워라밸work and life balance이었다. 일 년 이상 지난 지금 이전보다 훨씬 가정과 일의 균형이 많이 잡혔다. 하루 행동에 대한 리스트를 작성하는 것의 도움이 컸다. 행동에 대한 체크를 통해 실행하고 있는 것의 실질적인 자료를 정리하는 것은 생각을 행동으로 이어가는 데 큰 역할을 했다. 삶의 균형을 위해서 생각만 하고 있던 것들이 행동으로 이어지면서 반복적인 실행이 일어나고 그것이 습관으로 자리 잡아가는 중이다.

우연히 일어난 것 같지만 사실 어떠한 행동도 단순히 우연에 의한 것은 없다. 단계별 과정을 통한 행동들이 모여서 어떠한 결과가 된다. 삶이 노력해서 결실을 얻는다는 점, 성실함과 꾸준함이 필요하다는 점은 스포츠와 닮아 있다. 선수들은 끊임없이 자신의 과정을 기록하고 수치화하여 정확한 분석을 하고자 한다. 그것을 바탕으로 더욱더 정확하고 발전된 방향의 설계와 행동을 할 수 있기 때문이다. 내 인생의 국가대표는 나이다. 되고자 하는 삶이 모습이 있다면 실행하는 방법을 수치화해 보자.

카운슬러의
관점으로 바라보라

친구가 고민을 이야기해온다면 어떤가? 위로해주기도 하고 해결책을 함께 찾아보기도 하고 때론 그것이 큰 고민이 아닐 수도 있음을 격려하기도 한다. 삶을 함께 고민하고 위로받을 수 있는 카운슬러 존재가 있다는 것은 큰 행운이다. 살아가면서 관계하는 대상은 언제나 변할 수 있다. 그런데 영원히 함께할 그런 행운의 존재가 있다. 내가 있는 곳에 평생 함께하는 나란 사람이다.

진로체험 페스티벌에 작가체험 부스를 운영했다. 자신만의 스토리를 기획하고 글과 그림으로 본문을 구성하는 체험이다. 제목을 정하고 표지를 디자인하며 작가 프로필과 판권지를 작성하여 완성한다. 50분이라는 주어진 시간이 길지 않지만, 학생들은 저마다 각자 다른 스토리를 만들고 미처 다 끝내지 못하기도 하지만 체험을 통해서 누구나 작가가 되어 볼 수 있다.

이번 체험은 입구에서 접수해서 진행하는 방식인데 여러 체험 중에 딱 한 가지만 선택하는 방식으로 진행된다. 작가와 함께 진행되는 승무원, 호텔리어, 디자이너, 마술사 등과 같은 여러 체험이 있다. 행사를 진행할 때면 항상 줄을 서는 대기자가 있기 마련이었다.

첫날이 평일이라 학교 단체방문이 많았는데 여러 체험 중에 하나만 고르라고 한다면 학교에서 와서 왠지 글쓰기를 하며 힘들 것 같은 작가보다는 앞서 나열한 다른 체험들을 선택하지 않을까 싶었다. 우려와는 달리 작가를 선택하는 학생이 있고 본인들의 선택으로 참여하다 보니 체험이 오히려 아주 뜻깊게 진행되었다.

주말에는 빈자리가 없다. 체험 참가자 중에 부모님이 아이 둘을 데리고 와서 4명이요 하고 표를 내민다. 당연히 두 명은 어디에 있냐고 물으니 부모님 자신들이라고 했다. 그렇게 4명의 한 가족이 함께 체험하였고 그냥 보기에도 너무 행복한 모습이었다. 그동안 여러 차례 체험행사를 진행해보지만, 부모님이 함께 체험하는 경우는 처음이다. 그것도 예매해서 한 가지를 체험할 수 있는 상황이라 보통은 부모님의 입장권과 자녀의 입장권을 받으면 모두 아이들 체험을 선택한다.

예를 들어 엄마와 아들 2명의 입장권을 구매하고 2개의 입장권으로 2개의 체험을 고를 수 있다고 한다면 모두 아들이 할 2개의 체험을 고른다. 이 가족은 함께 작가체험을 신청해서 부모님과 4명의 가족 모두 참여를 하게 되었다. 하는 동안도 아이들도 가끔 살피지만, 누구보다 열심히 엄마 아빠가 각자의 이야기를 제작했다. 중간에 농담 삼아 아버지가 힘들다고 했지만, 억 단위의 돈을 들여 외국에 공부하러 보내는 것보다 지금 함께하는 아빠의 모습이 더 위대한 교육이라고 그 정도 금액이라면 해볼 만한 가치가 있지 않겠느냐고 함께 농담을 나눴다.

주말 동안 많은 부모와 함께하는 자녀들이 체험하러 다녀갔다. 이번 행사에는 부쩍 적극적인 어머니들이 많았다. 물론 모든 행동은 자식이 잘되었으면 그리고 잘해주고 싶은 사랑에서 비롯된다는 것은 아이를 키우고 있는 엄마로서 이해한다.

무엇이 아이를 위하는 것일까? 체험하는 동안 자녀들이 앉아서 작품 활동을 하는데 주위로 많은 부모님이 특히 엄마들이 서서 이런저런 조언을 한다. 전시되어 있는 다른 책들도 가져와서 이렇게 하라고 안내하기도 한다. 주로 진행을 하고 있어서 미처 보지 못했는데 이번 행사에는 함께하는 강사님들이 많이 있어서 조금 떨어져서 전체적인 모습을 지켜보게 되었다.

다소 무서운 느낌이 들었다. 예전에 아기가 바라보는 어른들의 모습이라는 제목의 사진을 본 적이 있다. 아기를 둘러싸고 예쁘다고 바라보는 많은 어른 시선이 아이 시각에서 굉장히 부담스러운 모습으로 비친 사진이었다. 그 모습이 생각났다. 아이들이 체험 테이블 앞에 앉아 있는데 주위로 서 있는 어른들의 모습이 작고 작은 아이들 옆 거대한 거인, 체크하고 감독하는 그런 존재처럼 보였다.

더욱이 본인의 자녀에게만 관심이 있는 것이 아니라 다른 아이들은 어떻게 하는지 우리 아이가 뒤처지거나 부족하지는 않은지 체크를 한다. 의사체험박람회장에서 의사가 되고 싶은 아이의 참여보다 의사가 되었으면 하는 부모님의 박람회 같은 느낌을 받은 적이 있다. 어떤 아이들은 스스로 그런 생활에 익숙해져서 일일이 엄마에게 묻고 검사받고 엄마가 없으면 불안해하기도 한다.

이런 분위기와 상반되는 앞서 이야기 한 부모님의 참여는 더욱 돋보였다. 아이들은 보고 자란다. 아이들의 작품 활동에 직접적인 간섭을 하지 않아도 엄마가 직접 참여하는 모습을 본다면 아이의 기분이 어떨까. 부족해도 해내는 그런 모습을 보여주는 것이 필요하다. 왜 본인도 하기 싫거나 못하는 것을 아이에게 강요할까. 부모님의 모습들을 보면서 나도 그런 엄마가 아닌지 돌아보게 되었다. 직접 강의를 하고 있을 때보다 한 발 뒤로 물러나 보니 보이는 것이 생겼다. 거울도 아주 가깝게 놓으면 제대로 볼 수 없다. 적당한 간격을 유지해야 내가 보고자 하는 것이 잘 보이게 된다.

문화예술교육 기획자 양성 연수에 퍼실리테이터로 참여하게 되었다. 교육원에서 운영하는 문화예술교육 프로그램의 기획자로 사례를 발표하고 모둠별로 질문과 문화예술교육 적용방안에 대한 논의의 자리였다. 제작된 PPT도 있었지만, 조금이라도 더 보탬이 될 수 있는 것이 무엇일까 고민하면서 기획자 양성과정에 맞게 다시 구성했다. 추진배경, 사업의 목표, 프로그램 내용, 기대효과에 대해 철저히 내가 경험한 사례들로만 이야기했다. 사업 내 기획자의 역할에 대해 내가 했던 방법을 말하며 설명했다. 좋았다고 칭찬을 받고 여러 사람이 명함을 요청했다.

처음 문화예술교육의 기획을 접하고 문화예술 전문 인력 양성과정을 들은 적 있다. 이번에 퍼실리테이터로 참여하게 된 주체 기관과 같은 곳의 과정이었다. 그때 사례발표를 하신 분의 모습을 보면서 나도 저 자리에 서서 발표를 해야겠다고 생각했었다. 기획이 뭔지도 몰랐던 그때, 막연한 생각이었다. 그러고는 딱 2년이 지나고 그 생각은 현실이 되었다.

교육사업을 진행하면서 수강생의 입장에서 생각하고 이해하려고 애를 많이 썼다. 그러면서 여러 가지 노하우를 쌓을 수 있었다. 노력은 현재도 진행 중이다. 과정에서 발생하는 방법을 조금이라도 다른 분들께 전달하게 되면 그분들은 각자의 모습으로 각자의 자리에서 애를 쓰게 될 것이다. 내가 만날 수 있는 사람에 한정되는 것이 아니라 10배 100배 이상으로 뻗어 나갈 수 있지 않을까 하는 마음에서 발표준비를 열심히 했다. 다행히 진심이 전달된 것 같아 기분이 너무 좋았다. 발표를 준비하는 동안 스스로 정리가 되었다. 실전해서 행동하는 것이 자료로 정리되니 앞으로 또 어떤 식으로 발전해 나가야 할지 보이는 부분들도 생겼다. 테이블에서 다른 사람들의 고민이나 궁금한 점을 나누고 답을 하다 보니 내가 생각했던 문제도 해결되기도 했다.

각자의 문제를 고민할 때 본인만 생각하기 쉽다. 하지만 사람들을 만나고 여러 일을 하는 과정에서 생각보다 쉽게 해결책을 만날 때가 있다. 페스티벌에서 부모님의 모습들을 보면서 엄마로 살아가야 하는 나의 삶을 돌아보고 방향을 제시받기도 한다. 기획자로서 다른 사람들의 고민을 듣고 함께 답하다가 나 역시 가진 고민에 대해서 이미 내가 답을 가지고 있는 것에 놀라기도 한다.

강의계획안작성 도움 요청을 많이 받는다. 바쁜 와중에 찾아오거나 연락을 해오지만 한 번도 억지로 수락해본 경우는 없다. 나에게도 연구라고 생각하기 때문이다. 사실 어떻게 활용하는가에 따라 다르겠지만 그 계획안을 그냥 받는 사람보다 나에게 더 오래 기억에 남게 된다. 도움에 그치지 않고 다른 기획에 꼭 활용해보는 나의 일이기도 하다. 의외의 순간에서 해결책이 찾아지는 것처럼 때로는 다른 사람이 되어 나를 바라볼 때 행동할 수 있는 답을 찾게 된다.

연애를 해보지 않아도 상담은 잘하는 사람들도 있다. 친구가 어떤 고민을 해온다면 나름의 방법으로 한 번쯤 해볼 것을 권유하기도 한다. 이처럼 남의 이야기는 잘 판단하고 해결책도 곧잘 내곤 한다. 정작 같은 일이라도 내가 하려고 하면 막힐 때가 많다. 다른 사람이 물어온다면 내가 뭐라고 할지 그처럼 행동하면 더욱 쉽게 결정할 수 있다.

　행동하기 전에 행동이 막힐 때는 나에게 물어보자. 왜 하고 싶은
지 어떤 것을 얻고 싶은지 얻게 되는 가치가 무엇인지 그것이 내가
생각하는 가치와 일치하는지. 평생 그 누구보다 오래 만나고 이야기
하고 이해해야 하는 대상은 나이다. 다른 사람의 이야기를 듣는 것처
럼 나의 이야기도 주목하자. 상담은 특정사건을 이해하기 전에 그 대
상을 잘 알아야 한다. 나는 누구보다 훌륭한 나의 카운슬러다. 카운슬
러의 관점으로 나의 행동들을 점검해 보자.

OK라고 외쳐라

"할 수 있다!"

1980년대 가훈으로 걸려 있을 법한 오래된 구호같이 느껴지지만, 말에는 힘이 있다고 믿는 나로서는 이 말에는 해낼 수 있는 큰 힘이 있다고 생각한다. 이처럼 생각하는 것이 말로 표현될 때 행동을 할 수 있는 용기가 생긴다. 머뭇거리기에 바빴다면 오늘부터 긍정적인 표현을 시작해보자.

20대 중반 학원을 운영하면서 초창기에 학부모를 겨냥한 전략 중에 가장 중요하게 실천했던 것이 요구에 긍정적인 반응하기였다. 학생 수강 등록과 수업을 지속적으로 유지하는 많은 부분이 학부모의 몫이므로 그들의 요구에 잘 반응하는 것이 필요했다. 쉽게 말해 학부모 중에서도 특히 엄마가 요청하는 것은 무조건 가능하다는 것에 맞쳐져 있었다.

당시에는 전략으로 의도해서 접근한 것은 아니었다. 전화로 이루어진 상담이나 방문하여 응대하는 과정에서 요청해오는 것을 처음에는 무조건 다 들어주었다.

하원을 하고 조금 더 학원에 머물기를 요구하면 학원에 있을 수 있도록 했고 어린 친구들은 등원과 하원 마중을 하기도 했다. 학교과제를 도와주기를 원하면 맞춰서 진행했고 요구사항보다 조금 더 적극적으로 처리를 했다. 단순히 학원 과정에 맞게 필요한 부분만 진행할 수도 있고 그것만으로 충분할 수 있지만, 거절하지 않고 무엇이든 요구에 반응해 주었다.

나중에는 인원이 많고 그에 따른 제약과 많은 규칙이 생길 수밖에 없었지만, 항상 할 수 있는 범위 내에서는 요청을 들어주고자 애썼다. 상식을 지키는 사람들은 부탁할 때 상대방을 고려하기 마련이다. 나름대로 생각하고 어렵게 하는 요구를 단순히 맡은 업무가 아니라고 해서 거절하는 것은 예의가 아니라고 생각했고 요구마다 아이를 위하는 것이 바탕으로 되어 있었기에 이해하려고 많이 애썼다.

요즘은 젊은 선생님을 더 선호하는 편이지만 예전에는 젊은 선생님들은 경력이 짧아 부족한 부분이 있을 수 있다고 염려하기도 했다. 어린 나이에 원을 운영하게 되어 아이들의 마음은 물론이고 엄마들의 마음을 잡고 신뢰를 쌓아가는 것이 절대적으로 필요했는데 이런 나의 OK 전략은 그런 부분을 해소하기에 충분했다. 쌓여가는 신뢰를 통해서 한 번도 홍보를 위한 비용과 시간적 투자 없이 단시간에 학생을 모집할 수 있었다. OK라고 하면 그에 따라서 할 일이 몇 배로 늘어난다. 그것을 감당하면서 학부모를 대하는 기술과 운영체계를 경험을 통해 잡아갈 수 있었다. 경영을 배우지 못한 어린 내가 원을 성장할 수 있는 바탕을 마련하는 데 큰 도움을 받았다.

작년 한 해 동안 수많은 업무 전화를 받으며 받는 요청 중에 한 번도 내가 먼저 거절한 일이 없다. 어떠한 커리큘럼 구성이나 기획을 요청받아도 다 가능한 점을 바탕으로 의견을 나누었고 실제 그것을 감당하면서 참 많이 힘들기도 했다. 5세부터 85세까지 여러 연령대와 다양한 기관에서 수많은 주제로 수업을 직접 하거나 배출한 강사들을 통해서 했다. 강의력에 관한 연구를 실전에서 할 수 있게 되었고 한 해를 보내면서 경험한 것을 바탕으로 수많은 실제 사례를 얻게 되었다.

값지게 얻은 것 중에 당연 첫 번째는 소중한 인연을 만들 수 있었다는 점이다. 많은 기관 담당자 및 여러 분야의 전문 인력들을 알게 되어 지금은 먼저 요청할 일이 없을 만큼 강의나 기획 요청을 많이 받는다. 무조건 오케이를 하고 보니 업무량과 강의가 많아서 정신을 못 차릴 정도였다. 한 해를 마무리하면서 직접 한 많은 경험은 어떻게 선택하고 집중해야 할지 정리를 할 수 있는 바탕이 되었다.

지금은 더욱 효율적이게 적은 일을 하면서도 작년 대비 높은 수익을 내고 있다. 불필요한 일을 줄이고 적게 일하고 많이 버는 것이 중요하지만 기억해야 할 것은 처음부터 그런 일은 없다. 많은 시간을 들이고 비용에 대한 조건 없이 일을 받아들이고 할 수 있을지에 대해서 오케이를 먼저 하고 준비를 해나가는 나의 습관이 지금의 나를 만들었다. 지금은 나의 시간에 일을 맞춰주는 거래처도 있고 내가 합리적인 비용을 요구하기도 한다.

　다른 분야의 전문가로 앞으로 해당 분야의 강의를 해보고 싶다고 여러 가지 물어온 한 대표가 있다. 착각할 때가 간혹 있는데 강의 또한 철저히 준비해야 하고 나에게 맞는지 검증할 필요가 있다. 본인의 전문지식과 가르치는 것은 다르다는 말이다. 간혹 아주 권위 있는 전문가이지만 강의 시간에는 수강생들을 다 졸게 하는 경우가 있다. 이처럼 강의 또한 한 영역으로 마땅히 배워야 하는 부분이다. 대표는 본인이 그 분야의 전문가이니 당연히 잘 해낼 수 있고 또 그만큼의 대우를 받고 싶어했다.

　실제로 이곳저곳을 알아보니 한 곳은 강의료 수수료를 너무 많이 떼서 어떤 곳은 수강생 모집이 힘들어서라고 하며 맞지 않는다고 불만을 나타내었다. 평소에 가치가 있다면 아무것도 특히 돈은 중요한 것이 아니라고 말씀하시는 부분과 상반되는 감정이라 더욱이 안타까웠다.

　그 모습을 보면서 나 또한 내가 생각하는 가치와 살아가고 있는 삶이 일치하는지에 대해 깊이 있게 바라볼 수 있는 계기가 되었다.

강의 분야뿐만 아니라 내가 무엇을 하고자 할 때 세상이 나를 위해 준비하고 기다리고 있지 않다. 고통의 시간을 각오하고 치열하게 임해도 될까 말까 할 수 있는 것이 세상이다. 선택과 집중을 하기 이전에 많은 행동의 시도는 더욱더 합리적인 판단을 할 수 있게 한다.

행동도 습관이다. 오케이를 하고, 많은 일을 받아들이는 것은 이제 나의 습관이다. 똑같이 주어진 시간에 행동을 조금 더 많이 한다는 것 자체가 대단히 다름을 나타내지는 않는다. 분명한 것은 많은 행동을 통한 직접적인 경험은 빠르고 정확한 행동 판단을 하는 데 많은 도움을 준다. 무엇이든 처음 시도하는 일이 있으면 먼저 행동해 보기를 권하고 싶다. 무엇이든 오케이하고 생각해도 늦지 않다. 시작을 위한 많은 고민보다 하기로 정하고 해내기 위한 고민의 시간이 성장시키는 데 긍정적인 영향을 준다.

어떻게 하면 오케이 하는 습관을 기를 수 있을까?

먼저 부정적인 생각을 버려야 한다.

어떠한 판단을 할 때 무조건 긍정적으로 생각해야 한다. 아무리 좋은 일에도 부정적인 측면은 있다. 무더운 여름날 시원한 에어컨을 쐬는 것은 너무도 좋은 일이지만 전기세를 생각한다면 스트레스일 수 있다. 판단할 때 부정적인 면이 있지만, 긍정적인 면이 더 크거나 가치가 있다고 판단되면 긍정적인 면만 생각하면 된다. 시작과 행동을 하지 못하는 것 중에 부정적인 생각은 큰 영향력을 미친다. 실제로 행동하고도 후회하는 일도 많다. 수업을 위한 기획이나 강의에 대한 문의가 오면 오로지 그것이 주는 가치만을 생각한다. 긍정적으로 가능함에 근거하여 판단한다. 수락해서 어떠한 불편함이 있을지는 애써 미리 생각하지 않는다. 행동하기 위해서는 불평 불만족인 부정의 생각을 버리자.

다음으로 먼저 입으로 수락하는 습관을 기르자.

무슨 말을 하면 머뭇거리거나 이것저것 핑계를 대기 바쁜 사람이 있다. 먼저 오케이라고 표현해보자. 요청이 왔을 때 스스로 판단할 때 '오케이 알겠어'라는 표현으로 해보겠다는 의지를 나타낸다. 정말 말에는 힘이 있다. 할 수 있다고 대답을 하고 말을 하면 어떻게 행동하면 그 말을 지킬 수 있는지 찾게 된다. 요청이나 문의가 오면 생각하고 말하는 법은 없다. 일정과 여러 가지 상황의 판단이 끝나면 바로 오케이하고 회신을 빠르게 한다. 수락하고 평소 잘 하지 않는 일에 대해서는 방법을 찾고 연구하는 동안 다음에 이 행동을 할지 더 발전된 행동을 하게 될지 혹은 하지 않게 될지 판단할 수 있다.

일을 주는 입장에서 거절을 받은 적이 있다. 나름의 사정이 있어 당연히 이해는 되지만 다음에 같은 기회가 왔을 때 그 사람만 할 수 있는 일이 아니라면 거절을 한 사람에게 다시 전화하지는 않는다. 긍정적이고 빠른 회신은 신뢰를 쌓기에 유리하고 다음을 기약하게 한다.

이때 무조건 오케이가 불가능한 예도 있다. 일정이 겹치거나 도저히 할 수 없는 일들이 이에 해당한다. 내가 할 수 없는 일정에는 다른 사람을 소개해 주기도 하고 할 수 없는 일에는 같이 방향을 모색하는 협조를 한다. 불가피하게 거절을 하더라도 가능한 사람을 소개해 주거나 정보를 주는 노력을 통해 거절이 부정적인 이미지를 주지 않게 하는 노하우가 필요하다. 번거로운 것 같지만 그 작은 일을 통해 다음을 기약할 수 있는 큰 의미가 있게 한다.

사실 개인적으로는 무엇이든 무조건 오케이하라고 하고 싶지만 그러기에는 부담스러운 일이 한둘이 아닐 수 있다. 각자의 상황에 맞게 긍정적이고 빠른 결정을 할 수 있는 범위를 정해보기 바란다. 무엇이든 처음이 어렵다. 반복적인 실행을 통해서 온전히 나의 것이 되는 습관이 되면 별것 아니게 된다. 생각과 염려로 많은 고민이 있다면 입 밖으로 오케이라고 외칠 수 있는 연습을 해보자.

오케이라고 외치는 순간 여러 가지 행동할 일이 생긴다. 작은 실행 하나하나가 모여 다양한 경험을 할 때 나의 분명한 가치를 찾고 올바르고 즐거운 삶을 살 수 있게 된다. OK라고 외쳐라.

계획을
노출하라

"우연은 항상 강력하다. 항상 낚싯바늘을 던져두라. 전혀 기대하
지 않은 곳에 물고기가 있을 것이다."

로마의 시인 오비디우스의 명언이다. 인생 어느 때에 어떤 기회가
올지 모른다. 우연이라 생각하고 지나치지 않도록 강력히 원하는 것
일수록 혼자만의 생각으로 남기지 말고 지원군을 만들자.

학원을 운영하기 훨씬 이전부터 가까운 친구 한 명은 나를 오 원
장이라고 불렀다. 성씨인 오에다가 학원장을 의미하는 원장을 붙여
서 탄생한 별명이다. 계획을 알고 미리 그렇게 별명 삼아 불러주었다.
아직도 그 친구는 나를 그렇게 부른다. 당시 별생각 없이 받아들였던

그것이 지금 생각해보면 참 감사하다. 그 말대로 몇 년 후 나는 정말 오 원장이 되었다.

일반인을 상대로 책을 만들어 보는 프로그램을 진행하고 있다. 수강생들은 한 번쯤 써볼 수 있을 것 같지만 마음을 낼수록 어려움을 겪기도 한다. 글을 쓰지 않던 사람이 글을 쓰고 책을 만들어 보는 것은 도전이다.

수업할 때 수강생들의 도전을 응원하며 나 또한 수업을 통해 어떠한 한 가지의 도전을 하곤 한다. 수업은 듣는 이도, 하는 이에게도 의미가 있어야 한다. 한 번은 글을 쓰고 있는 나의 계획을 수업에 가서 알렸다. 그것은 새로운 도전을 하는 수강생들에게 도전하는 부분을 알리고 서로 지치지 않도록 동기 부여가 되기도 했다.

다른 의미로 계획을 노출하게 되면서 책임성을 가지게 되고 약속을 지키기 위해 애쓰게 한다. 계획을 들은 사람들은 기억도 못 할지 모르겠지만 약속을 지키기 위해 일정을 정하고 노력하고 있다.

사무실에 잘 보이는 곳에는 나의 인생 설계도가 붙여져 있다. 가치선언부터 단기적으로 해야 할 일, 장기적으로 진행할 일들이 사진과 함께 붙어 있다. 모든 일에 구체적인 일자 또한 기재되어 있다. 출근하는 날이면 매일같이 보게 되고, 때로는 사무실에 오는 이들이 그것을 보고 물어오기도 한다. 그중에 한 가지는 근사한 건물의 사진과 함께 부모님 집 지어드리기라고 적혀 있다. 2021년 가을에 공사 시작이라고 적힌 이것을 본 지인이 물어온다.

"요즘 뭐 새로운 일 시작하셨어요?"

"아니요."

라고 대답을 했더니 의아해하며 다시 묻는다.

"2021년에 공사 시작이라고 되어 있는데 땅이 있나 봐요."

"아니요."

"2021년이라면 후 내년인데요?"

"네. 맞아요."

이해가 되지 않는 듯 더는 말을 잇지 않았다. 허무맹랑한 소리일지 모른다. 구체적인 계획을 세울 수 있는 단계도 되지 못한다. 반드시 해낼 수 있는 환경을 만드는 것을 목표로 삼고 오늘의 하루를 열심히 살고 있을 뿐이다. 설령 이루지 못한다고 해서 책임을 져야 하는 것은 아니지만 이루지 못해도 괜찮다고 절대로 생각하지 않는다. 꼭 하겠다고 긍정적인 생각만 한다.

스스로에게도 동기를 부여하고 자극이 될 만큼 하고자 하는 일을 의도적으로 노출할 필요가 있다. 반복적으로 받아들이고 그것을 자주 생각하고 방법을 모색해야 한다.

학생들에게 물으면 가장 쉽게 듣는 대답이 "몰라요"이다. 아이들만 그런 것이 아니라 일반인들도 마찬가지다. 자신의 계획을 본인도 명확히 알지 못하거나 생각을 전혀 하지 않는 때도 있다. 수업계획안 구상의 도움을 받으러 오면서 아예 하나도 생각해보지 않고 오는 경우가 있다. 일방적으로 묻고 답을 주기만을 기다린다. 그럴 때면 나도 내가 이것을 왜 해야 하는지 모르겠다.

본인이 세운 계획이라고 해서 다 지키거나 수시로 기억하지 않는다. 계획을 소리 내어 읽는 시간을 가지거나 휴대전화 배경화면으로 사용하는 방법 등으로 스스로에게도 자주 노출될 수 있도록 하자.

계획을 노출하는 것은 자신이 있어서가 아니라 스스로 약속을 지켜보기 위함이다. 말로 내뱉는 순간 돌이킬 수 없다. 많은 사람에게 알려진 일에 대한 책임을 지고자 하는 마음은 혼자 생각할 때보다 실천 의지를 더 강하게 한다. 사소한 것을 알리면 상대가 어떻게 생각할까 봐 염려될 수 있다. 지키지 못했을 때 처지가 난처하지 않을까 걱정되기도 한다. 생각해보자. 살면서 타인에게 들었던 많은 계획을 일일이 잘 행동하고 실천하며 이루고 사는지 체크해 본 경험이 있는가? 크게 많지 않을 것이다. 내가 노출하는 계획 또한 마찬가지다. 지나친 걱정과 염려를 할 필요가 없다.

고등학교에 다닐 때 병원에 가서 진찰받는 것이 싫었다. 예전에만 해도 대수롭지 않게 옷을 걷어 올리고 진찰을 했다. 척추측만이 있어서 치료를 받을 때다. 등과 골반까지 노출이 필요한 치료였는데 엎드려 있는 상태에서 간호사가 여러 사람이 있는 것을 아랑곳하지 않고 바지를 내렸다. 다 내린 것도 아니지만 불쾌한 기억이 아직도 이따금 생각날 정도다. 병원에서 그런 불편함이 싫어서 치료를 받지 않을 수는 없다.

어릴 적 소심한 성격에 이해가 되지 않는 부분이 있어도 다시 질문하지 못했다. 용기가 부족해서 순간을 놓치고 나니 다시 말할 기회는 더욱이 찾지 못했다. 부족함도 노출해야 한다. 아픔을 인정하고 치부를 내어 보일 때 치료를 받을 수 있다.

항상 자신의 부족한 부분을 솔직하게 고백하고 도움을 달라고 요청하는 강사가 있다. 대가 없는 시간이지만 그 열정에 소통의 시간이 아깝지가 않다. 끊임없이 묻고 알아가려는 자세는 강의 경력이 단 한 번도 없었던 그녀를 1년이라는 시간이 흘렀을 때 월요일부터 토요일까지 꽉 찬 스케줄의 강사로 성장시켰다.

부족한 부분을 인정하는 것이 질문하지 못했던 어린 시절 나처럼 쉽지 않을 수 있다. 인정하고 행동하지 못하는 이유 중의 하나가 두려움이다. 두려움 속에 부족함을 극복하기 위한 계획이 노출되었을 때 다른 사람이 어떻게 생각할지에 대한 걱정이 있다. 실제로 사람들은 잘한 것에는 관심이 없다. 잘못된 부분에 주목한다. 여러 가지 잘된 상황보다 한두 가지 부족한 부분을 더 크게 받아들이곤 한다. 상대의 감정은 내가 바꿀 수 있는 부분이 아니다. 오로지 나의 감정에 집중하여 공격을 받아도 감정을 다치지 않는 법을 배워야 한다. 상대의 소리에 눈치 보지 말고 부족함을 인정하고 노출하는 용기를 가지자. 도움의 손길은 언제나 기다린다. 잡을 수 있느냐 없느냐는 나에게 달렸다.

커피를 마시지 않겠다는 것이나 늦은 시간이나 주말에는 통화를 자제하겠다는 이러한 사소한 계획들도 스스로 지키기에는 그 힘이 약했다. 말로 알리며 지속적인 노출이 되니 주변에서 협조를 해주었고 한결 쉽게 해결할 수 있었다.

강의 관련 전화를 한 통 받았다. 예전에 수업으로 인연이 되었던 한 도서관 관장님께서 소개해서 전화한다고 전해왔다. 관장님과 몇 차례 수업의 방향성과 계획에 관해 이야기를 나눈 적이 있다. 정작 연락이 온 기관에는 어떠한 직접적인 나의 노력 없이 강좌가 개설되었다. 지원군은 내가 알지도 못하는 사이에 생기기도 한다. 계획을 스스로와 타인에게 노출하고 행동으로 옮길 수 있는 지원군을 많이 만들자.

시간을 정하면
반드시 지켜라

각자의 자리에서 열심히 사는 사람들을 보면 놀라운 실천력을 가지고 있다. 막연히 남다를 것이라는 생각과는 달리 이야기를 나눠보면 다를 것도 없는 같은 사람이기도 하다. 차이 나는 것 중의 하나는 누구나 생각이 있는 것을 자신만의 방식으로 행동하고 있다는 것, 하기로 하면 반드시 해낸다는 점이다.

시간을 정하고 지키지 못한 일을 돌아보니 스스로와 한 약속이 많았다. 영어공부를 시작하겠다는 것, 매일 운동을 위한 시간을 가지겠다는 것처럼 지키지 못하고 반복해서 세우는 계획들이 꽤 많았다. 해내지 못한다고 해서 어떠한 문제도 생기지 않는 점이 시간을 정하고도 제시간에 하지 못하는 큰 이유였다. 피곤하거나 급하게 해야 하는 일이 생기면 자연히 뒤처진다.

남편과 연애를 하던 시절, 약속하고 혹시 다른 약속이 생기면 대수롭지 않게 남자친구에게 양해를 구하고 계획을 변경했다. 신뢰하고 믿는 가까운 사이라서 다 이해할 수 있을 거로 생각했다. 물론 늘 기분 좋게 이해를 해주곤 했다. 그는 나를 조금 더 배려하고자 그럴 수도 있다고 공감하는 것이지 그렇게 해도 된다고 동감하는 것이 아니라는 것을 몰랐다. 반복되다 보니 아무렇지 않게 생각되어 당연히 가능한 것이 되었다.

한번은 나에게 무심하게 이렇게 말했다.

"나와의 약속은 원래 안 지키잖아."

남자친구의 말이 황당하기도 하면서 미안해졌다. 약속을 변경하기 위해서는 항상 미안한데 이렇게 말을 시작한다. 미안한 일을 아무렇지 않게 만드는 것 자체가 문제다.

가까운 사이일수록 더욱 신뢰 관계에 소홀하지 말아야 한다. 안에서 새는 바가지 바깥에서도 샌다고 한다. 스스로와 가까운 사람과 정한 약속시간을 잘 지키는 것은 타인과 함께하는 시간을 잘 지킬 수 있는 밑거름이 된다.

먼저 한 선약을 쉽게 변경하는 것은 약속에 대한 책임감을 무너뜨린다. 그것이 습관이 되면 계획 변경을 쉽게 생각하게 한다. 시간을 정하기 이전에 신중하게 판단하고 정해진 다음에는 반드시 지켜야 한다.

사업과 관련하여 교육이 있어 참가했다. 하루 8시간 진행되는 교육 중 4교시에는 안전교육 시간이다. 종일 진행되는 일정 중 피곤한 마지막 시간이기도 했고 으레 하는 안전교육이라 생각하고 큰마음 없이 앉아 있었다. 생각과는 달리 다양한 사례를 통해서 평소에 얼마나 잘 준비되어야 하는지 새삼 느꼈다. 이론으로 알고 있는 것에 그치지 않고 실전에서 얼마나 적용할 수 있느냐가 문제였다.

실제로 한 학교에서 비상 사이렌을 울리자 딱 한 명이 운동장으로 나왔다고 한다. 원어민 교사였다. 사고는 예기되지 않은 곳에서 늘 존재한다. 평소에 잘 알고 있다고 생각하고 가볍게 여겼던 안전을 지키기 위한 요령은 교육을 통해서 아는 것 이상으로 평소에 훈련이 필요하다는 것을 깨닫게 했다. 여러 가지 응급상황에 따라 골든타임이 존재하는 데 그 시간을 어떻게 보내느냐에 따라 엄청난 차이가 발생하는 것을 보았다.

두 운동선수 똑같은 증세로 쓰러졌는데 한 명은 병원까지 가는 동안도 아무런 조치가 없었고 다른 한 명은 증세를 발각하자마자 팀 내 의사가 조치했다. 같은 사례에도 처치를 위한 시간을 다르게 사용한 것이 생사의 갈림길이 되었다. 사람들은 자각증상이 있어도 쉽게 괜찮다고 생각하기 쉽다. 간단한 시술로 끝날 수 있는 경우에도 의식하지 못하고 사망까지 이르게 되는 경우도 많다. 이처럼 모든 일에는 합리적인 시간이 존재한다. 시간을 정하기 전에 반드시 지킬 수 있는 시간을 설정하는 분별력이 필요하다.

엄마가 들려준 이야기이다. 외할머니는 머슴까지 있는 부유한 집 안에서 자랐는데 딸이라 공부도 제대로 못 하고 평범한 집에 시집을 왔다. 고생도 많이 하고 자식을 위해 헌신적으로 살다 보니 정작 본 인의 것은 아무것도 없었다. 그런 외할머니를 보는 엄마는 나는 절대로 저렇게 엄마처럼 살지 않겠다고 했다.

어느덧 시간이 흘러 엄마는 절대 닮지 않겠다고 했던 외할머니의 모습처럼 사는 자신을 발견하게 되었다. 외할머니가 가시던 길 그대로. 어릴 적 엄마는 항상 나의 하교 마중을 나왔는데 어쩌다가 못 오는 날이면 대신해서 외할머니가 나와 있었다. 내가 결혼을 해서 자식을 낳고 사니 엄마는 할머니가 되었다고 말한다. "내가 한 거라고는 우리 예쁜 손자 본 일밖에 없다"고 한다. 외할머니가 나를 예뻐한 것처럼 똑같이 나의 아들을 대해준다.

엄마는 평소에도 외할머니가 너무 보고 싶고 어버이날이나 명절이면 그렇게 많이 보고 싶다고 했다. 만만하다고 마음 한 번 알아주지 못해서 너무 죄송하다고. 그런 외할머니를 향한 그리움과 미안함을 여러 번 듣는다고 해서 감히 내가 다 이해한다고 할 수는 없다.

살면서 절대로 필요한 우선순위의 시간이 있다. 완벽하게 갖춰진 상황을 만들어 근사하게 하는 것을 꿈꾸지만 지금 당장 할 수 있는 만큼을 해내는 것이 옳을 때가 있다. 지금이 아니면 안 되는 것에 대한 시간은 반드시 미루지 말고 지켜야 한다.

안 중요한 일은 없다고 생각했고 열심히만 하면 할 수 있고 잘할 수 있다고 생각했다. 지금도 틀렸다고 생각하지는 않는다. 다만 열심히 하되 더 필요한 일을 열심히 해야 한다. 시간은 한계가 있기 마련이고 하고자 하는 모든 일을 완벽하게 할 수 없다. 항상 바쁘게 시간을 보내다 보니 시간을 조금 효율적으로 사용할 수 있는 방법에 대해 많이 생각하는 편이다.

시간을 많이 쓰는 부분 중에 불필요한 부분이 없을까 돌아보니 과도한 전화와 미팅이다. 안 중요한 일은 없다고 생각하고 배려하다 보니 모든 일에 적극적으로 대처하지 않아도 되는 일까지 처리하고 있었다.

정작 상대방은 내가 업무에 지장을 받거나 힘든 일인지 모를 수도 있다. 상대방의 감정은 내가 조절할 수 있는 부분이 아니므로 나의 결단이 필요했다. 비효율적 의사소통을 줄이는 방법에 대해서 생각을 정리하고 하나씩 실천하고 있다.

통화시간을 정하고 최대시간을 넘기지 않도록 하며 미팅은 사전에 꼭 대면하고 나누어야 할 부분을 정리하고 정해진 시간을 넘기지 않도록 한다. 정신없이 이야기하다 보면 어느새 한두 시간은 쉽게 훌쩍 넘어간다. 통화와 미팅을 하루에 할 수 있는 시간대와 양을 정해놓고 의사소통을 하는 일에 대해서 하루에 무리해서 여러 건을 처리하지 않도록 한다.

하루의 시간을 늘릴 방법은 절대로 없으니 비효율적인 부분을 과감히 정리해야 한다. 무슨 일이든지 더 중요하고 가치 있는 일을 할 수 있는 시간을 방해한다면 과감히 버려야 한다.

합리적인 시간을 설정하고 우선순위를 지키며 버려야 할 것을 과감히 없애는 신중한 판단을 내리고 나면 지킬 수 있는 양의 꼭 필요한 것이 남게 된다. 그것이 목표에 부합하는지 인생의 가치에 적합한지를 체크 한다. 업무는 비교적 뚜렷한 목표를 가지고 있고 쉽게 말해 왜 하는가에 대한 명확성과 근거가 있다. 스스로 하는 도전과 일들은 흐지부지되기 쉽다. 본인에게 맞는 분명한 기준을 갖는 것이 중요하다.

하고 싶은 게 참 많다. 일과 가족과의 시간 외 나머지 시간에 나를 위한 시간을 갖는데 여러 가지를 한꺼번에 도전할 시간이 허락되지 않는다. 스스로와 약속하기를 한 가지씩 도전을 하고 그것이 끝나면 다른 일을 받아들이기로 했다.

지금 하는 일이 지치고 힘들어도 절대로 먼저 다음 계획을 시작하지 않는다. 하는 일을 다 마치지 못해서 다음 계획 일자가 틀어지기도 하고 지장을 주게 될 때가 있다. 그러다 보면 현재 진행하고 있는 일을 빨리 잘 마무리하기 위해 애쓰게 된다.

여러 단계를 거치고 나면 가장 중요한 것이 지금부터다. 정해진 대로 행동하기이다. 계획대로 되면 좋겠지만 그렇지 않을 때가 많다. 어떠한 방해요소가 있어도 반드시 그 시간은 정해진 행동을 하는 것이 맞다. 시간을 정해도 지키지 못하는 이유를 파악하고 사소한 것부터 지키는 노력을 시작으로 무엇이든 해내어 마무리까지 하는 습관을 기르자. 시간을 정하면 반드시 지켜라.

오늘의 행동을
돌이켜보라

하루를 마치며 잠자리에 들 때 어떤 모습으로 잠이 들었나 생각
해봤다. 아들을 재우다 나도 모르게 잠들기도 하고 휴대전화를 보기
도 한다. 잠을 잘 들이지 못하는 편이라 누워서 길게는 몇 시간을 뒤
척이며 너무 이전 기억까지 들추어 고민하거나 후회하고 먼 미래를
염려하거나 막연한 꿈을 꾸는 생각을 하기도 한다. 아무런 결론을 낼
수 없는 생각들 대신 오늘 하루를 보내며 내가 한 행동들을 정리했
다. 돌아보니 바쁘고 힘들게 움직였는데 의외로 그에 비해 한 것이
없을 때가 많았다. 억울한 감정이 들었다. 왜 바쁘기만 한 걸까? 어떻
게 하면 하루를 만족하게 살아낼 수 있을까?

하루를 잘 살기 위해서는 오늘 주어진 현실을 정확하게 알아야 한

다. 미국에서 시간을 보내고 돌아와서 바쁘게 앞만 보고 달려왔다. 결혼하고 신혼생활을 외국에서 한 셈이라 돌아와서 다시 시작하기가 쉽지만은 않았다. 혼자도 부부 둘도 아닌 아들까지 가정을 이룬 채말이다.

한국 생활의 시계는 각자 앞가림을 잘 하고 살았고 혼자만 감당하면 되었던 결혼 전에 멈춰 있었다. 처음에 막연히 잘 될 거라는 마음을 가지고 현재의 모습이 내 모습이 아니라고 생각했다. 좀 더 근사한 집에 더 괜찮은 차에 더 멋진 모습으로 살 수 있을 것이라는 상상 속의 우리의 모습을 그리며 현실은 마치 우리의 삶이 아닌 것처럼 여겨졌다. 예전에 누릴 수 있었던 것보다 부족한 현실을 인정하는 것에 3년 정도가 걸렸다.

정신을 차리고 보니 지금의 내가 있는 자리 이 모습 그대로가 나였다. 인정하고 싶든지 아니든 그것이 우리였다. 꿈을 꾸는 것은 좋으나 꿈속에서 살아선 안 된다. 현실을 바로 보고 오늘을 잘 살아가는 하루하루가 모여 꿈꾸는 모습의 내가 된다. 현실을 받아들이고 나니 한결 마음이 가벼웠다.

마음먹으면 곧장 어느 정도의 결과를 얻어야 한다고 생각했다. 계단을 한두 계단씩 오르는 것이 아니라 가랑이가 찢어지라 여러 계단을 오르려고 했다. 예상시간보다 더 소요되면 예민하게 된다. 지인과 통화를 하다 예상한 일자에 마치지 못한 일에 대해 아쉬움을 이야기했다. 아직 못한 것이 아니라 그 일보다 더 급한 일을 처리하기 위해 어쩔 수 없는 순서는 아니었는지 대답해왔다. 그것도 맞는 이야기다. 기왕 하지 못한 것에 대해 신경 쓰고 스트레스를 받는 그것보다는 다시 스케줄을 조절해서 해결하는 방법이 옳았다. 애초에 내가 오르기에 불가능한 수의 계단을 한꺼번에 오르려고 한 것은 아닌지 돌아보게 된다.

지나온 일과 앞으로 할 일로 엉켜있는 생각들에 비해 내가 할 수 있는 일은 한계가 있다. 너무 많은 생각으로 복잡한 머리를 비워야 했다. 하루의 삶을 책임지기 위해서는 오늘의 할 일만 생각하기로 한다. 오늘 하루를 잘 살아가기 위해서는 아침시간이 가장 중요했다. 기상시간에 따라서 일과가 정해지고 체력과 기분도 다르다. 끼니를 거르지 않는 것 적당한 물을 섭취하는 것 스트레칭과 같이 작고 기본적인 것을 꾸준히 지키는 것으로도 행복감은 달라졌다. 처리해야 하는 여러 가지 업무를 잘 배분해서 균형 있게 시간을 쓰는 것에 집중했다. 정해진 시간에 마치고 가족과 함께하는 시간을 온전히 보내는 것도 잊지 않는다.

출근하면 캘리그라피를 한 장씩 한다. 마음에 드는 문구를 써보기도 하고 대상을 생각하며 필요한 글귀를 써서 보내기도 한다. 정해진 대로 하면 5분도 채 안 걸리지만, 여유가 있는 날에는 조금 더 시간을 할애하여 장문을 써보기도 한다. 마음에 드는 글을 써보며 한 번더 마음에 새기기도 하고 예쁜 글씨체를 따라 하며 기능적인 것을 익히기도 한다. 상대방에게 좋은 감정을 선물하고 싶어서 쓴 글을 보낼 때 반응을 주면 자체가 행복할 뿐 특별한 이유는 없다. 지속하다 보니 힐링이 되기도 하고 의욕이 생길 때도 있다.

바쁜 현대인들이지만 하루 중 반드시 매일 진행하는 취미가 있어야 한다. 시간이 부담스럽다면 짧게 5분도 좋다. 새로운 돌파구를 통해 스트레스를 해소하고 감정과 생각을 비우는 시간을 가지는 것을 권하고 싶다. 최근에는 취미가 좋아 본업을 그만두고 좋아하는 일로 업을 발전시키는 사람들도 쉽게 본다.

어린 아들은 요즘 글자에 관심이 많다. 지나가다가 간판에 아는 글자가 나오면 큰 소리로 신이 나서 말한다. 자동차 번호판이며 홍보 전단이나 무엇이든 보이는 대로 아는 글자 찾기 바쁘다. 아들 본인도 읽어지는 것이 신기하고 지켜보는 부모 역시 그런 아이가 대견하다. 가만히 보니 매일매일 아는 글자가 늘어간다. 언제 어떻게 익히고 알게 되었는지 구체적인 과정이 보이는 것은 아니나 분명 하루하루 성장한다. 글자를 알아가는 아들은 배우는 것으로 받아들이지 않는다. 오늘 노력이 앞으로 어떠한 영향을 미치는지를 알기에는 아직 너무 어려서 그저 오늘을 즐겁게 보낼 뿐이다. 어제와 비교했을 때 단 하루도 뒤처지거나 부족한 날이 없고 항상 어제보다 발전된 오늘을 보낸다. 오늘이 더 나을 순 있는 것은 매일 하루를 최선을 다해 살아내기 때문이다.

힘든 오늘을 보내고 행복한 내일만을 기다리는 내 모습을 발견하고 오늘을 행복하게 보내는 것이 중요하다는 것을 나누고 싶다. 오늘의 행동이 내 삶이다. 하루의 행복이 풍요로운 삶을 약속한다. 오늘 얼 만큼 이루어 냈는지가 아니라 하루가 얼마나 행복했는지 돌아보자.

나가는 글

나는 창작 수업을 하는 사람이다. 대학교 4학년 때 미술 지도를 시작으로 15년 동안 뭔가 창의적인 활동을 지도해보겠다고 연구하고 실천하고 있는 셈이다. 육아를 위해 잠시 쉬기도 하고 내가 가는 길이 맞는지에 대해 끊임없이 질문하고 돌아보기도 한다. 한계를 만나면서 부족함으로 밤을 지새우기도 했다. 방송사 인터뷰요청과 같이 하는 일의 가치를 인정받는 날에는 뿌듯한 생각이 들 때도 있다. 하고 싶은 일과 해야 하는 일 사이에서 끊임없이 갈등하며 버텨서 오늘을 맞이했다.

예술이나 창작 같은 단어는 특별한 사람에게나 해당한다고 생각할 수 있다. 예술을 표현한다는 것은 삶을 살아가는 것이 선행되어야 한다. 먹고사는 삶과 창작의 삶이 별개의 것이 아니라고 말하고 싶다. 삶을 다양한 방법을 통해 표현하는 과정이 곧 예술이다. 미술관에서 점 하나, 선 하나로 작품이 된 것을 보고 저런 건 나도 하겠다고 말하는 경우가 종종 있지만 진짜로 하는 경우는 드물다. 별 게 아닌 것 같은 일도 한 것과 하지 않은 것에는 엄청난 차이가 있다. 저런 글은 나도 쓰겠다고 하지만 막상 글쓰기를 시작해보면 첫 문장을 시작하는 것부터 어려울 수 있다. 삶은 그 어떤 예술 작품을 창작하는 그것보다 에너지가 필요하다. 무조건 열심히 한다고 해서 좋은 결과물이 나오지 않는다는 것도 알고 든 비용이나 시간만큼 비례하는 결과가 나오지 않는 것도 우리는 잘 알고 있다. 분명한 건 무엇이든 시도해본 것은 이전과는 달리 보인다는 점이다.

나를 평범한 사람이라고 소개했지만 그 평범한 것이 얼마나 어려운 것인지 잘 안다. 미국에서 한국으로 돌아와서 다시 출발점에 섰을 때 결코 만만하지 않았다. 하염없이 눈물이 쏟아진 날도 많다. 분명한 것은 실행을 통한 경험은 나를 힘들지 않게 하는 것이 아니라 힘들고 쓸쓸한 인생의 길에서 버틸 수 있는 용기를 준다. 주어진 일을 성실하게 할 수 있는 용기, 나에게 집중 할 수 있는 용기, 지금 행복을 외칠 수 있는 용기.

오늘 실행하지 못하는 사람은 내일도, 한 달 뒤에도 못한다.

지금의 자신을 사랑하지 않는 사람은 근사한 모습이 되면 달라질 것 같지만 결코 그렇지 않다.

이제 더는 거창한 계획들로 자신을 지치게 하는 일이 없으면 좋겠다. 있는 모습 그대로를 인정하고 지금의 할 수 있는 일이 있는 것이 얼마나 소중한지 마음껏 누려보자. 누군가는 이 책을 덮으며 생각으로 그쳤던 일들을 돌아보며 오늘 할 수 있는 일을 실천할 수 있기를 바란다.